（宋）蘇軾 撰

明成化本東坡七集

第六册

國家圖書館出版社

第六册目録

東坡集四十卷（卷第十九—二十四）

重刊明成化本東坡七集

東坡集卷第十九

賦七首

東坡集卷第十九

詩三首

息壤詩一首 并敘

淮南子曰鯀堙洪水盜帝之息壤帝使祝融殺之于羽淵今荊州南門外有狀若屋宇陷入地中而猶見其脊者旁有石記云不可犯畚鍤所及輒復如故又頗以致雷雨歲大旱屢發有應予感之乃爲作詩其詞曰

帝息此壤以藩幽臺有神司之隨取而培帝勑下民無敢或開惟帝不言以雷以雨惟民知之幸帝之怒

帝茫不知誰敢以告帝怒不常下土是震使民前知
是役于民無是墳者誰取誰干惟其的之是以射之

新渠詩一首 并敘

庚子正月予過唐州太守趙侯始復三陂疏召渠招懷遠人散耕于唐予方為旅人不得親執壺漿簞食以與侯勸逆四方之來者獨為新渠詩五章以告于道路致侯之意其詞曰

新渠之水其來舒舒溢流于野至于通衢渠成如神民始不知問誰為之邦君趙侯新渠之田在渠左右渠來奕奕如赴如湊如雲斯積如屋斯溜嗟唐之人

始識秔稌新渠之民自淮及潭挈其婦姑或走而顛

王命趙侯宥我新民無與王事以訖七年侯謂新民

爾既來止其歸爾邑告爾鄰里良田千萬爾擇爾取

爾耕爾食遂為爾有築室于唐孔碩且堅生為唐民

飽粥與饘死葬于唐祭有雞豚天子有命我惟爾安

顏樂亭詩一首并敘

顏子之故居所謂陋巷者有井存焉而不在顏氏久

矣膠西太守孔君宗翰始得其地浚治其井作亭於

其上命之曰顏樂昔夫子以簞食瓢飲賢顏子而韓

子乃以為哲人之細事何哉蘇子曰古之觀人也必

於其小焉觀之其大者容有僞焉人能碎千金之壁不能無失聲於破釜能搏猛虎不能無變色於蜂蠆孰知簞食瓢飲之為哲人之大事乎乃作顏樂亭詩以遺孔君正韓子之說且以自警云

天生烝民為之鼻口美者可嚼芬者可嗅美必有惡芬必有臭我無天遊六鑿交鬭鶩而不反跬步商受偉哉先師安此微陋孟賁股慄虎豹却走眇然其身中亦何有我求至樂千載無偶執瓢從之忽焉在後

詞十三首

太白詞五首 并敘

岐下頻年大旱禱於太白山輒應故作迎送神詞一篇五章

雷闐闐山晝晦風振野神將駕載雲罕從玉斛旱既甚蹷往救道阻脩兮

旌旗翻疑有無日慘變神在塗飛赤篆許閶闔走陰傳行羽檄萬靈集兮

風爲幄雲爲蓋滿堂爛神既至紛醉飽錫以雨百川溢施溝渠歌且舞兮

騎𩣡𩣡車班班鼓簫悲神欲還轟振凱隱林谷執妖厲歸獻馘千里肅兮

神之來悵何晚山重複路幽遠神之去飄莫追德未
報民之思永萬祀兮

上清辭一首 以宮名名篇

君胡為乎山之幽顧宮殿兮久淹留又昌為一朝去
此而不顧兮悲此空山之人也來不可得而知兮去
固不可得而訊也君之來兮天門空從千騎兮駕飛
龍隸辰星兮役太歲儼晝降兮雷隆隆朝發兮帝庭
夕弭節兮山宮懭有妖兮虐下土精為星兮氣為虹
愛流血之滂沛兮又嗜瘧癘與螟蟲嘯盲風而涕淫
雨兮時又吐旱火之爞融銜帝命以下討兮建千仞

之脩鋒乘飛霆而追逸景兮歘砉掃滅而無蹤忽崩
擂其來會兮走海嶽之神公龍車獸鬼不知其數兮
旗纛晻靄而冥蒙漸俯傴以旅進兮鏘劍佩之相礱
司殺生之必信兮知上帝之不汝容既約束以反職
兮退戰慄而愈恭澤充塞於四海兮獨澹然其無功
君之去兮天門開欵閶闔兮朝玉臺群仙迎兮塞雲
漢儼前導兮紛後陪歷玉階兮帝迎勞君良苦兮馬
虺頽閔人世兮迫隘陳下土兮帝所哀返瓊宫之嵯
峨兮役萬靈之喧豗默清靜以無爲兮時節狩於斗
魁詰通明而齾黜陟兮軼蕩蕩其無回忽表裏之煥

霍兮光下燭於九陔時遊目以下覽兮五嶽爲豆四溟爲盃俯故宮之千柱兮若毫端之集埃來非以爲樂兮去非以爲悲謂神君之既返兮曾顏咫尺之不違陛祕殿以内悸兮魂凜凜而上馳忽寤寐以有得兮敢沐浴而獻辭是邪非邪臣不可得而知也

歸來引一首　送王子立歸筠州

歸去來兮世不汝求胡不歸汹北望之横流兮渺西顧之塵霏紛野馬之決驟兮幸余首之未羈出彭城而南鶩兮眷丘壠而增欷亂清淮而俯鑒兮驚昔容之是非念東坡之遺老兮輕千里而欵余扉共雪堂

之清夜兮攬明月之餘輝曾雞黍之未熟兮歎空室之蛜蝛我挽袖而莫留兮僕夫在門歌式微歸去來兮路渺渺其何極將税駕於何許兮北江之南南江之北於此有人兮儼峩峩其豐碩執居約而爾肥兮非糠覈其何食久抱一而不試兮愈温温而自克吾居世之荒浪兮視昏昏而聽默默非之子莫振吾過兮久不見恐自賊吾欲往而道無由兮子何畏而不即將以彼為玉人兮以子為之璞也

黄泥坂詞一首

出臨皋而東騖兮並叢祠而北轉走雪堂之坡陁兮

歷黄涅之長坂大江洶以左繚兮渺雲濤之舒卷草
木層累而右附兮蔚柯丘之葱蒨余旦徃而夕還兮
步徙倚而盤桓雖信美不可居兮茍娱余於一聠余
幼好此奇服兮襲前人之詭幻老更變而自哂兮悟
驚俗之來患釋寶璐而被繒絮兮雜市人而無辨路
悠悠其莫往來兮守一席而窮年時游步而遠覽兮
路窮盡而旋反朝嬉黄涅之白雲兮莫宿雪堂之青
煙喜魚鳥之莫余驚兮幸樵蘇之我嫚初被酒以行
歌兮忽放杖而醉偃草為茵而塊為枕兮穆華堂之
清晏紛墜露之濕衣兮升素月之團團感父老之呼

覺兮恐牛羊之予踐於是蹶然而起起而歌曰月明兮星稀迎余徃兮餞余歸歲既晏兮草木腓歸來歸來兮黃泥不可以久嬉

清溪詞一首

大江南兮九華西泛秋浦兮亂清溪水渺渺兮山無蹊路重複兮居者迷爛青紅兮粲高低松十里兮稻千畦山無人兮雲朝躋藹濛濛兮渰淒淒嘯林谷兮號水涯走鼪鼯兮下鳧鷺忽孤壘兮隱重堤杳冥茫兮聞犬雞鬱萬瓦兮鳥翼齊浮軒楹兮飛栱枅鴈南歸兮寒蜩嘶弄秋水兮挹玻瓈朝市合兮雜耄齯挾

簞瓢兮佩鋤犂鳥獸散兮相扶攜隱驚雷兮鸞長霓
望翠微兮古招提挂木杪兮翔虛擇若有人兮帳幽
栖石爲門兮雲爲闥規虛堂兮法嘗若呼嗟猱兮狙兮子
鹿麋我欲往兮奉杖藜獨長嘯兮謝阮嵇

李仲蒙哀詞一首

河南李君仲蒙以司封郎直史館爲記室岐王府熙寍二年七月丙戌終於京師家貧喪不時葬其僚相與賻之既斂而歸十月丙申葬於緱氏柏亭山西其孤鐈使來告軾曰嗚呼吾先友人也哭之其可無辭昔吾先君始往於大常君以博士朝夕往來相好先

君於人少所與獨稱君爲長者君爲人敦朴愷悌學
慱而通長於毛氏詩司馬氏史善與人交雖見犯不
報甞有與君爲姻者無故決去聞者爲之不平君恬
不以爲意先君以是稱其難始舉進士甲科爲亳潤
邠三郡職官後爲應天府録曹勤力趨事長吏有不
喜者欲以事困之而不能既爲慱士議禮據正不屈
晚入岐府以經術輔導篤實不阿其言多驗於後君
諱育其先河内人自高祖徙於緱氏没時年五十辭
曰中心樂易氣淑均兮内外純一言可信兮無怨無惡
善友人兮學詩達禮敏而文兮翺翔王藩仕弗振兮

宜壽黃耇隕中身兮兩不一獲歸怨神兮我懷先君

涕酸辛兮顧嗟衆人誕失真兮嬌嬌舉舉自貴珎兮

欺世幻俗内弗安兮久而不堪厭則遁兮惑者氷解

明者哂兮嗟卒不悟惟彼賢兮渾朴簡易弃弗申兮

徃者不還我思君兮

錢君倚哀詞一首

大江之南兮震澤之北吾行四方而無歸兮逝將此

焉止息豈其土之不足食兮將其人之難偶非有食

無人之爲病兮吾何適而不可獨裴回而不去兮眷

此邦之多君子有美一人兮瞭然而清頎然而瘦亮

直多聞兮古之益友帶規矩而蹈繩墨兮佩芝蘭而服明月載而之世之人兮世捍堅而不荅雖不荅其何喪兮超方揚而自得吾將觀子之進退以自卜兮相行止以效清濁子奄忽而不返兮世混混吾焉則升空堂而挹遺像兮弔凝塵於几席苟律我者之信亡兮吾居此其何益行徬徨而無徒兮悼捨此而奚嚮豈存者之舉無其人兮遼遼如晨星之相望吾比年而三哭兮堂堂皆國之英苟處世之恃交兮幾如是而吾不亡臨大江而長嘆兮吾不濟其有命

傷春詞一首 并敘

去歲十二月虞部郎呂君文甫喪其妻安氏二月以書遺余曰安氏甚美而有賢行念之不忘思有以為不朽之託者願求一言以弔之余悲其意乃為作傷春詞云

佳人與歲皆逝兮歲既復而不返付新春於居者兮獨安適而愈遠晝昏昏其如醉兮夜耿耿而不眠居兀兀不自覺兮紛過前之物變雪霜盡而鳥鳴兮陂塘泫其流暖步荒園而訪遺迹兮蓊百草之生滿風泛泛而微度兮日遲遲而愈妍眇飛絮之無窮兮爛夭桃之欲然燕嘵嘵而稚嬌兮鳩轂轂其老怨蝶群

飛而相值兮蜂抱蘂而更平謹善萬物之得時兮痛伊人之罹此寃衆族出而侶游兮獨向壁而永歎淚熒熒而棲睫兮花摇目而增眩晝出門而不敢歸兮畏空室之漫漫忽入門而欲語兮嗟猶意其今存役魂魄於宵夢兮追髣髴而無緣訪臨邛之道士兮從稠桑之老人縱可得而復見兮恐荒忽而非真求余文以寫哀兮余亦愴恨而不能言夫既其身之不顧兮尚安用於斯文

蘇世美哀詞

有美一人長而鼻兮廞敧歷落進趨穞兮達於從政

敏而廉兮如求與由藝果兼兮魁然丈夫色悍嚴兮
奮須抵几走群纖兮聞名見像巳癘痁兮敬事友生
小心謙兮誨養貧弱語和甜兮剛柔適中畏愛僉兮
孤直無依衆枉嫌兮何辜於神壽復殲兮死無甔石
突不黔兮孰爲故人孰視怗兮我窴于黄歲將淹兮
于後八年夢復覞兮曰吾子鈞甘虀塩兮冬月負薪
衣不縑兮覺而長吁涕流沾兮永言告鈞守窮潛兮
苦心危腸自磨礫兮天不吾欺有速淹兮豈若人子
老閭閻兮生歡死忘我言砭兮

賦七首

灩澦堆賦一首 并敘

世以瞿唐峽口灩澦堆為天下之至險凡覆舟者皆歸咎於此石以余觀之蓋有功於斯人者夫蜀江會百水而至於夔瀰漫浩汗横放於大野而峽之小大曾不及其十一苟先無以齟齬於其間則江之遠來奔騰迅快盡鋭於瞿唐之口則其嶮悍可畏當不啻於今耳因為之賦以待好事者試觀而思之

天下之至信者唯水而已江河之大與海之深而可以意揣唯其不自為形而因物以賦形是故千變萬化而有必然之理掀騰勃怒萬夫不敢前兮宛然聽

命惟聖人之所使予泊舟乎瞿唐之口而觀乎灩澦
之崔嵬然後知其所以開峽而不去者固有以也蜀
江遠來兮浩漫漫之平沙行千里而未甞齟齬兮其
意驕逞而不可摧忽峽口之逼窄兮納萬頃於一盃
方其未知有峽也而戰乎灩澦之下喧豗震掉盡力
以與石鬭勃乎若萬騎之西來忽孤城之當道鉤援
臨衝畢至於其下兮城堅而不可取矢盡劔折兮迤
邐循城而東去於是滔滔汩汩相與入峽安行而不
敢怒嗟夫物固有以安而生變兮亦有以用危而求
安得吾說而推之兮亦足以知物理之固然

屈原廟賦一首

浮扁舟以適楚兮過屈原之遺宮覽江上之重山兮曰惟子之故鄉伊昔放逐兮渡江濤而南遷去家千里兮生無所歸而死無以為墳悲夫人固有一死兮處死之為難徘徊江上欲去而未決兮俯千仞之驚湍賦懷沙以自傷兮嗟子獨何以為心忽終章之慘烈兮逝將去此而沉吟吾豈不能高舉而遠遊兮又豈不能退默而深居獨嗷嗷其怨慕兮恐君臣之愈踈生既不能力爭而強諫兮死猶冀其感發而改行苟宗國之顛覆兮吾亦獨何愛於久生託江神以告寃

兮馮夷教之以上訴歷九關而見帝兮帝亦悲傷而
不能救懷瑾佩蘭而無所歸兮獨惸惸乎中浦峽山
高兮崔嵬故居廢兮行人哀子孫散兮安在況復見
兮高臺自子之逝今千載兮世愈狹而難存賢者畏
譏而改度兮隨俗變化斲方以為圓黽勉於亂世而
不能去兮又或為之臣佐變丹青於玉瑩兮彼乃謂
子為非智惟高節之不可以企及兮宜夫人之不吾
與違國去俗死而不顧兮豈不足以免於後世嗚呼
君子之道豈必全兮全身遠害亦或然兮嗟子區區
獨為其難兮雖不適中要以為賢兮夫我何悲子所

安兮

昆陽城賦

淡平野之靄靄忽孤城之如塊風吹沙以蒼莽悵樓櫓之安在横門豁以四達故道宛其未改彼野人之何知方傴僂而畦菜嗟夫昆陽之戰屠百萬於斯須曠千古而一快想尋邑之來陣兀若驅雲而擁海猛士扶輪以蒙茸虎豹雜沓而横潰罄天下於一戰謂此舉之不再方其乞降而未獲固已變色而驚悔忽千騎之獨出犯初鋒於未艾始憑軾而大笑旋弃鼓而投械紛紛籍籍死於溝壑者不知其何人或金章

而玉佩彼狂童之僭竊蓋已旋踵而將敗豈豪傑之能得盡市井之無賴貢符獻瑞一朝而成群兮紛就死之何怪獨悲傷於嚴生懷長才而自涴豈不知其必喪獨徘徊其安待過故城而一弔增志士之永慨

後杞菊賦一首 并敘

天隨生自言常食杞菊及夏五月枝葉老硬氣味苦澁猶食不已因作賦以自廣始余嘗疑之以為士不遇窮約可也至於飢餓嚼齧草木則過矣而余仕宦十有九年家日益貧衣食之奉殆不如昔者及移守膠西意且一飽而齋厨索然不堪其憂日與通守劉

君廷式循古城廢圃求杞菊食之捫腹而笑然後知天隨之言可信不繆作後杞菊賦以自嘲且解之云吁嗟先生誰使汝坐堂上稱太守前賓客之造請後掾屬之趨走朝衙達午夕坐過酉曾盃酒之不設攬草木以誑口對案顰蹙舉箸噎嘔昔陰將軍設麥飯與葱葉井丹推去而不饗怪先生之眷眷豈故山之無有先生听然而笑曰人生一世如屈伸肘何者為貧何者為富何者為美何者為陋或糠覈而瓠肥或粱肉而墨瘦何侯方丈庾郎三九較豐約於夢寐卒同歸於一朽吾方以杞為粮以菊為糗春食苗夏食

葉秋食花實而冬食根庶幾乎西河南陽之壽

服胡麻賦一首 并敘

始余嘗服伏苓久之良有益也夢道士謂余伏苓燥當雜胡麻食之夢中問道士何者為胡麻道士言脂麻是也既而讀本草云胡麻一名狗蝨一名方莖黑者為巨勝其油正可作食則胡麻之為脂麻信矣又云性與伏苓相宜於是始異斯夢方將以其說食之而子由賦伏苓以示余乃作服胡麻賦以荅之世間人聞服脂麻以致神仙必大笑求胡麻而不可得則妄指山苗野草之實以當之此古所謂道在邇而求

諸遠者歟其詞曰
我夢羽人頎而長兮惠而告我藥之良兮喬松千尺
老不僵兮流膏入土龜蛇藏兮得而食之壽莫量兮
於此有草衆所嘗兮狀如狗蝨其莖方兮夜炊晝曝
久乃藏兮伏苓為君此其相兮我興發書若合符兮
乃淪乃烝甘且腴兮補填骨髓流髮膚兮是身如雲
我何居兮長生不死道之餘兮神藥如蓬生爾廬兮
世人不信空自劬兮搜抉異物出怪迂兮槁死空山
固其所兮至陽赫赫發自坤兮至陰肅肅躋於乾兮
窅然反照珠在淵兮沃之不滅又不燔兮長虹流電

光燭天兮嗟此區區何與於其間兮譬之膏油火之所傳而已耶

赤壁賦一首

壬戌之秋七月既望蘇子與客泛舟遊於赤壁之下清風徐來水波不興舉酒屬客誦明月之詩歌窈窕之章少焉月出於東方之上徘徊於斗牛之間白露橫江水光接天縱一葦之所如凌萬頃之茫然浩浩乎如馮虛御風而不知其所止飄飄乎如遺世獨立羽化而登仙於是飲酒樂甚扣舷而歌之歌曰桂棹兮蘭槳擊空明兮泝流光渺渺兮予懷望美人兮天

一方客有吹洞簫者倚歌而和之其聲嗚嗚然如怨如慕如泣如訴餘音嫋嫋不絶如縷舞幽壑之潛蛟泣孤舟之嫠婦蘇子愀然正襟危坐而問客曰何為其然也客曰月明星稀烏鵲南飛此非曹孟德之詩乎西望夏口東望武昌山川相繆鬱乎蒼蒼此非孟德之困於周郎者乎方其破荊州下江陵順流而東也舳艫千里旌旗蔽空釃酒臨江横槊賦詩固一世之雄也而今安在哉況吾與子漁樵於江渚之上侶魚鰕而友麋鹿駕一葉之扁舟舉匏尊以相屬寄蜉蝣於天地眇滄海之一粟哀吾生之須臾羡長江之

無窮挾飛仙以遨遊抱明月而長終知不可乎驟得
託遺響於悲風蘇子曰客亦知夫水與月乎逝者如
斯而未嘗往也盈虛者如彼而卒莫消長也蓋將自
其變者而觀之則天地曾不能以一瞬自其不變者
而觀之則物與我皆無盡也而又何羨乎且夫天地
之間物各有主苟非吾之所有雖一毫而莫取惟江
上之清風與山間之明月耳得之而為聲目遇之而
成色取之無禁用之不竭是造物者之無盡藏也而
吾與子之所共食客喜而笑洗盞更酌肴核既盡杯
盤狼籍相與枕藉乎舟中不知東方之既白

後赤壁賦一首

是歲十月之望步自雪堂將歸于臨皐二客從予過黃泥之坂霜露既降木葉盡脫人影在地仰見明月顧而樂之行歌相荅已而歎曰有客無酒有酒無肴月白風清如此良夜何客曰今者薄暮舉網得魚巨口細鱗狀似松江之鱸顧安所得酒乎歸而謀諸婦婦曰我有斗酒藏之久矣以待子不時之須於是携酒與魚復遊於赤壁之下江流有聲斷岸千尺山高月小水落石出曾日月之幾何而江山不可復識矣予乃攝衣而上履巉巖披蒙茸踞虎豹登虬龍攀棲

鶻之危巢俯馮夷之幽宮蓋二客不能從焉劃然長嘯草木震動山鳴谷應風起水涌予亦悄然而悲肅然而恐凜乎其不可留也反而登舟放乎中流聽其所止而休焉時夜將半四顧寂寥適有孤鶴横江東來翅如車輪玄裳縞衣戛然長鳴掠予舟而西也須臾客去予亦就睡夢二道士羽衣翩僊過臨皐之下揖予而言曰赤壁之遊樂乎問其姓名俛而不荅嗚呼噫嘻我知之矣疇昔之夜飛鳴而過我者非子也耶道士顧笑予亦驚悟開戶視之不見其處

東坡集卷第十九

東坡集卷第二十

銘二十首

頌一首

贊十七首

孔北海贊一首　王元之畫像贊一首

王仲儀真贊一首　王定國真贊一首

秦少游真贊一首　參寥子真贊一首

徐大正真贊一首　文與可墨竹屛風贊一首

戒壇院文與可畫墨竹贊一首

石室先生畫竹贊一首　文與可飛白贊一首

郭忠恕畫贊一首　黃庭經贊一首

興國寺浴室院六祖畫贊一首　韓幹畫馬贊一首

師子屛風贊一首　石菖蒲贊一首

東坡集卷第二十

銘二十首

却鼠刀銘一首

野人有刀不愛遺余長不滿尺劒鋮之餘文如連環上下相繆錯之則見或漫如無昔所從得戒以自隨畜之無害暴鼠是除有穴于垣侵堂及室跳床撼幕終夕窣窣叱訶不去啖齧棗栗掀盃舐缶去不遺粒不擇道路仰行躡壁家為兩門窘則旁出輕趫捷猾忽不可執吾刀入門是去無跡又有甚者聚為怪妖晝出群鬬相視睢盱舞于端門與王雜居猫見不噬

又乳于家狃於永氏謂世皆然亟磨吾刀槃水致前炊未及熟肅然無蹤物豈有是以為不誠試之彌旬為凜以驚夫猫鷙禽晝巡夜伺拳腰弭耳目不及顫鬚摇于穴走赴如霧碎首屠腸終不能去是獨何為宛然尺刀匣而不用無有爪牙彼孰為畏相率以逃嗚呼嗟夫吾苟有之不言而諭是亦何勞

硯銘九首

玉堂硯銘一首

文同與可將赴陵州孫洙巨源以玉堂大硯贈之與可屬蘇軾子瞻為之銘曰坡陁瀰漫天闊海淺巨源

之硯淋漓蕩潏神役鬼出與可之筆燼南山之松為煤無餘涸陵陽之水維以濡之陵陽在高山上至難得水

鼎硯銘一首

鼎無耳槃有趾鑑幽無見几不倚睗蟲隕羿喪厥喙羽淵之化帝祝尾不周僨裂東南圮黝然而深維水委誰乎為此昔未始戳名其臀加幻詭

王平甫硯銘

玉德金聲而寓於斯中和所熏不水而滋正直所冰不寒而澌平甫之硯而軾銘之

鄧公硯銘并敘

王鞏魏國文正公之孫也得其外祖張鄧公之硯求銘於軾銘曰

鄧公之硯魏公之孫允也其物展也其人思我魏公文而厚思我鄧公德而壽三復吾銘以究令名

端硯銘

千夫挽綆百夫運斤篝火下縋以出斯珎一嘘而泫歲久愈新誰其似之我懷斯人

孔毅甫龍尾硯銘

澁不留筆滑不拒墨爪膚而縠理金聲而玉德厚而堅足以閲人於古今朴而重不能隨人以南北

鳳咮硯銘

帝規武夷作茶園山為孤鳳翔且嗅下集芝田啄瓊玖玉乳金沙發靈竇殘璋斷璧澤而黝治為書硯美無有至珍驚世初莫售黒眉黄眼争妍陋蘇子一見名鳳咮坐令龍尾羞牛後

米黻石鍾山硯銘

有盗不禦探奇發瑰攘于彭蠡斲鍾取追有米楚狂惟盗之隱因山作研其詞如雲

黼硯銘

龍尾黼硯章聖皇帝所嘗御也乾興升遐以賜外戚

劉氏而永年以遺其舅王齊愈臣軾得之以遺臣宗孟且銘之曰黝歙之珍匪斯石也黼形而縠理金聲而玉色也雲烝露湛祥符之澤也二臣更寶之見者必作也

金星洞銘一首

寶山南麓鳳左翅驚雷劃石逋蚪起凝陰噓堅出怪瑋是生神草肖蒼虺離離赤志挾脊尾飛流丹石決癰痏金星非實特取似施及山石亦見謂凡名相因皆此比

文與可琴銘一首

攫之幽然如水赴谷釋之蕭然如葉脱木椄之噫然應指而長言者似君置之楞然遺形而不言者似僕

山堂銘一首 并敘

熈寍九年夏六月大雨野人來告故東武城中溝瀆圮壞出亂石無數取而儲之因守居之北墉為山五成列植松柏桃李其上且開新堂北向以遊心寓意焉其銘曰

誰裒斯堅土伯所儲潦流發之神以畀予因廡為堂踐城為山有喬蒼蒼俯仰百年

遠遊庵銘一首 并敘

吴復古子野吾不知其何人也徒見其出入人間若有求者而不見其所求不喜不憂不剛不柔不惰不脩吾不知其何人也昔司馬相如有言列仙之儒居山澤間形容甚癯乃取屈原遠遊作大人賦其言宏妙不遺而放今子野行於四方十餘年矣而歸於南海之上必將俯仰百世奄忽萬里有得於屈原之遠遊者故以名其庵而銘之曰

悲哉世俗之迫隘也願從子而遠遊子歸不來而吾不往使罔象乎相求問道於屈原借車於相如忽焉不自知歷九疑而過崇丘宛兮相逢乎南海之上踞

龜殼而食蛤梨者必子也庶幾爲我一笑而少留乎

徐州蓮華漏銘一首 幷敘

故龍圖閣直學士禮部侍郎燕公肅以創物之智聞於天下作蓮華漏世服其精凡公所臨必爲之今州郡往往而在雖有巧者莫敢損益而徐州獨用瞽人衛朴所造廢法而任意有壺而無箭自以無目而廢天下之視使守者伺其滿則決之而更注人莫不笑之國子博士傅君裼公之外曾孫得其法爲詳其通守是邦也實始改作而請銘於軾銘曰

人之所信者手足耳目也目識多寡手知重輕然人

未有以手量而目計者必付之於度量與權衡豈不自信而信物蓋以為無意無我然後得萬物之情故天地之寒暑日月之晦明昆侖旁薄於三十八萬七千里之外而不能逃於三尺之箭五斗之缾雖疾雷霾風雨雪晝晦而遲速有度不加虧贏使凡為吏者如缾之受水不過其量如水之浮箭不失其平如箭之升降也視時之上下降不為辱升不為榮則民將靡然心服而寄我以死生矣

三槐堂銘一首 并敘

天可必乎賢者不必貴仁者不必壽天不可必乎仁

者必有後二者將安取衷哉吾聞之申包胥曰人衆
者勝天天定亦能勝人世之論天者皆不待其定而
求之故以天爲茫茫善者以怠惡者以肆盜蹠之壽
孔顔之厄此皆天之未定者也松柏生於山林其始
也困於蓬蒿厄於牛羊而其終也貫四時閲千歲而
不改者其天定也善惡之報至於子孫而其定也久
矣吾以所見所聞所傳聞考之而其可必也審矣國
之將興必有世德之臣厚施而不食其報然後其子
孫能與守文太平之主共天下之福故兵部侍郎晉
國王公顯於漢周之際歷事　太祖　太宗文武忠

孝天下望以為相而公卒以直道不容於時葢嘗手
植三槐於庭曰吾子孫必有為三公者已而其子魏
國文正公相　真宗皇帝於景德祥符之間朝廷清
明天下無事之時享其福禄榮名者十有八年今夫
寓物於人明日而取之有得有否而晉公脩德於身
責報於天取必於數十年之後如持左契交手相付
吾是以知天之果可必也吾不及見魏公而見其子
懿敏公以直諫事仁宗皇帝出入侍從將帥三十餘
年位不滿其德天將復興王氏也歟何其子孫之多
賢也世有以晉公比李栖筠者其雄才直氣眞不相

上下而栖筠之子吉甫其孫德裕功名富貴略與王氏等而忠信仁厚不及魏公父子由此觀之王氏之福蓋未艾也懿敏公之子鞏與吾遊好德而文以世其家吾是以録之銘曰

嗚呼休哉魏公之業與槐俱萌封植之勤必世乃成既相眞宗四方砥平歸視其家槐陰滿庭吾儕小人朝不及夕相時射利皇卹厥德庶幾僥倖不種而獲不有君子其何能國王城之東晉公所廬鬱鬱三槐惟德之符嗚呼休哉

菩薩泉銘一首并叙

陶侃為廣州刺史有漁人每夕見神光海上以白侃侃使迹之得金像視其款識阿育王所鑄文殊師利像也初送武昌寒溪寺及侃遷荆州欲以像行人力不能動益以牛車三十乘乃能至舩舩復没遂以還寺其後惠遠法師迎像歸廬山了無艱礙山中世以二僧守之會昌中詔毁天下寺二僧藏像錦繡谷比釋教復興求像不可得而谷中至今有光景往往發見如峩眉五臺所見蓋遠師文集載處士張文逸之文及山中父老所傳如此今寒溪少西數百步别為

西山寺有泉出於嵌竇間色白而甘號菩薩泉人莫知其本末建昌李常謂余豈昔像之所在乎且屬余爲銘銘曰

像在廬阜宵光屬天旦朝視之寥寥空山誰謂寒溪尚有斯泉盍往鑒之文殊了然

石鼎銘一首并敘

張安道以遺子由子由以爲軾生日之餽銘曰

石在洛書蓋隸從革矢砮醫砭皆金之職有堅而忍爲釜爲鬲居焚不炎允有三德

六一泉銘一首并敘

歐陽文忠公將老自謂六一居士予昔通守錢塘見公於汝陰而南公曰西湖僧惠勤甚文而長於詩吾昔為山中樂三章以贈之子閒於民事求人於湖山間而不可得則往從勤乎予到官三日訪勤於孤山之下抵掌而論人物曰公天人也人見其暫寓人間而不知其乘雲馭風歷五嶽而跨滄海也此邦之人以公不一來為恨公麾斥八極何所不至雖江山之勝莫適為主而奇麗秀絶之氣常為能文者用故吾以謂西湖蓋公几案間一物耳勤語雖幻怪而理有

實然者明年公薨予哭於勤舍又十八年予爲錢塘守則勤亦化去久矣訪其舊居則弟子二仲在焉畫公與勤之像事之如生舍下舊無泉予未至數月泉出講堂之後孤山之趾汪然溢流甚白而甘即其地鑿巖架石爲室二仲謂予師聞公來出泉以相勞苦公可無言乎乃取勤舊語推本其意名之曰六一泉且銘之曰

泉之出也去公數千里後公之没十有八年而名之曰六一不幾於誕乎曰君子之澤豈獨五世而已蓋得其人則可至於百傳嘗試與子登孤山而望吴越

歌山中之樂而飲此水則公之遺風餘烈亦或見於斯泉也

大覺鼎銘

樂全先生遺我鼎甗我復以餉大覺老禪在昔宋魯取之以兵書曰郜鼎以器從名樂全東坡予之以義書曰大覺之鼎以名從器挹山之泉烹以其薪為苦為甘咨爾學人

頌一首

仁宗皇帝御書頌一首并敘

天禧中仁宗皇帝在東宮故太傅鄧國張文懿公諱

士遜為太子諭德帝親書十二字以賜之曰寅亮天
地弼余一人又曰日新其德公之曾孫假承務郎臣
欽臣以屬翰林學士臣蘇軾為之頌二篇其一曰天
地不言付之人君明其德刑物自秋春人君無心屬
之輔弼信其賞罰身為衡石惟天惟君與相為三孰
能俛仰其德不懸於皇　仁宗恭己無為以天為心
以民為師其相鄧公履信思順天下頌之以退為進
壽考百年以没元身嗚呼休哉寅亮天地弼余一人
其一曰聖人如天時殺時生君子如水因物賦形天
不違仁水不失平惟一故新惟新故一一故不流新

故無斁伊尹暨湯咸有一德周雖舊邦其命維新孰知此言若出一人小臣稽首敬頌遺墨嗚呼休哉日新其德

贊十六首

孔北海贊一首 并敘

文舉以英偉冠世之資師表海内意所予奪天下從之此人中龍也而曹操陰賊嶮很特鬼蜮之雄者耳其勢決不兩立非公誅操則操害公此理之常而前史乃謂公負其高氣志在靖難而才踈意廣訖無成功此蓋當時奴婢小人論公之語公之無成天也使

天未欲亡漢公誅操如殺狐兎何足道哉世之稱人豪者才氣各有高庳然皆以臨難不懼談笑就死爲雄操以病亡子孫滿前而咿嚶涕泣留連妾婦分香賣履區處衣物平生姦僞死見眞性世以成敗論人物故操得在英雄之列而公見謂才踈意廣豈不悲哉操平生畏劉備而備以公知天下有已爲喜天若胙漢公使備備誅操無難也予讀公所作揚四公贊歎曰方操害公復有魯國一男子慨然爭之公庶幾不死乃作孔北海贊曰

晉有羯奴盜賊之靡欺孤如操又羯所恥我書春秋

與齊豹齒文舉在天雖亡不死我宗若人尚友千祀視公如龍視操如鬼

王元之畫像贊一首 并敘

傳曰不有君子其能國乎予常三復斯言未嘗不流涕太息也如漢汲黯蕭望之李固吳張昭唐魏鄭公狄仁傑皆以身徇義招之不來麾之不去正色而立于朝則豺狼狐狸自相吞噬故能消禍於未形救危於將亡使皆如公孫丞相張禹胡廣雖累百千緩急豈可望哉故翰林王公元之以雄文直道獨立當世足以追配此六君子者方是時　朝廷清明無大姦

慝然公猶不容於中耿然如秋霜夏日不可狎玩至於三黜以死有如不幸而處於衆邪之間安危之際則公之所為必將驚世絶俗使斗筲穿窬之流心破膽裂豈特如此而已乎始余過蘇州虎丘寺見公之畫像想其遺風餘烈願為執鞭而不可得其後為徐州而公之曾孫汾為兖州以公墓碑示余乃追為之贊以附其家傳云

維昔聖賢患莫己知公遇　太宗允也其時　帝欲用公不少貶三黜窮山之死靡憾咸平以來獨為名臣一時之屈萬世之信紛紛鄙夫亦拜公像何以

占之有泚其額公能泚之不能已之茫茫九原愛莫
起之

王仲儀眞贊一首并敘

孟子曰所謂故國者非謂有喬木之謂也有世臣之
謂也又曰為政不難不得罪於巨室巨室之所慕一
國慕之一國之所慕天下慕之夫所謂世臣者豈特
世祿之人而巨室者豈特侈富之家也哉蓋功烈已
著於時德望已信於人譬之喬木封殖愛養自拱把
以至於合抱者非一日之故也平居無事商功利課
殿最誠不如新進之士至於緩急之際決大策安大

衆呼之則來揮之則散者惟世臣巨室為能余嘉祐中始識懿敏王公於成都其後從事於岐而公自許州移鎮平涼方是時虜大舉犯邊轉運使攝帥事與副揔管議不合軍無紀律邊人大恐聲揺三輔及聞公來吏士踴躍傳呼旗幟精明鼓角讙亮虜即日解去公至燕勞將佐而已余然後知老臣宿將其功用蓋如此使新進之士當之雖有韓白之勇良平之奇豈能坐勝默成如此之捷乎熈寧四年秋余將往錢塘見公於私第佚老堂飲酒至莫論及當世事曰吾老矣恐不復見子厚自愛無忘吾言既去二年而公

薨又六年乃作公之真贊以遺其子鞏詞曰
堂堂魏公配命召祖顯允懿敏維周之虎魏公在朝
百度維正懿敏在外有聞無聲高明廣大宜公宜相
如木百圍宜宫宜堂天既厚之又貴富之如山如河
維安有之彼窶人子既陋且寒終勞永憂莫知其賢
曷不觀此佩玉劒履晉公之孫魏公之子

王定國真贊一首

温然而澤者道人之腴也凛然而清者詩人之癯也
雍容委蛇者貴介之公子而短小精悍者游俠之徒
也人何足以知之此皆其膚也若人者泰不驕困不

撓而老不枯也

秦少游真贊一首

以君為將仕也其服野其行方以君為將隱也其言文其神昌置而不求君不即即而求之君不藏以為將仕將隱者皆不知君者也蓋將挈所有而乘所遇以游於世而卒反於其鄉者乎

參寥子真贊一首

東坡居士曰維參寥子身寒而道富辯於文而訥於口外尪柔而中健武與人無競而好刺譏朋友之過枯形灰心而喜為感時玩物不能忘情之語此予所

謂參寥子有不可曉者五也

徐大正眞贊一首

賢哉徐子温文而毅儒不亂法俠不犯忌求之古人尚論其世登唐減漢三國之士我非北海安識子義顧觀伯符擘戟爲戲

文與可畫墨竹屏風贊一首

與可之文其德之糟粕與可之詩其文之毫末詩不能盡溢而爲書變而爲畫皆詩之餘其詩與文好者益寡有好其德如好其畫者乎悲夫

戒壇院文與可畫墨竹贊一首

風梢雨籜上傲冰雹霜根雪節下貫金鉄誰為此君
與可姓文惟其有之是以好之

石室先生畫竹贊一首并叙

與可文翁之後也蜀人猶以石室名其家而與可自
謂笑笑先生蓋可謂與道皆逝不留於物者也顧嘗
好畫竹客有贊之者曰
先生閒居獨笑不已問安所笑笑我非爾物之相物
我爾一也先生又笑笑所笑者笑笑之餘以竹發妙
竹亦得風天然而笑

文與可飛白贊一首

嗚呼哀哉與可豈其多好好奇也歟抑其不試故藝也始予見其詩與文又得見其行草篆隸也以爲止此矣既沒一年而復見其飛白美哉多乎其盡萬物之態也霏霏乎其若輕雲之蔽月翻翻乎其若長風之卷旆也猗猗乎其若遊絲之縈柳絮裊裊乎其若流水之舞荇帶也離離乎其遠而相屬縮縮乎其近而不隘也其工至於如此而余乃今知之則余之知與可者固無幾而其所不知者蓋不可勝計也嗚呼哀哉

郭忠恕畫贊一首并敘

右張夢得所藏郭忠恕畫山水屋木一幅忠恕字恕先以字行洛陽人少善屬文及史書小學通九經七歲舉童子漢湘陰公辟從事與記室董裔爭事謝去周祖召為周易博士國初與監察御史符昭文爭忿朝堂貶乾州司户秩滿遂不仕放曠岐雍陝洛間逢人無貴賤口稱猫遇佳山水輒留旬日或絶粒不食盛夏暴日中無汗大寒鑿冰而浴尤善畫妙於山水屋木有求者必怒而去意欲畫即自為之郭從義鎮岐下延止山亭設絹素粉墨於坐經數月忽乘醉就圖之一角作遠山數峯而已郭氏亦寶之岐有富人

子喜畫日給淳酒待之甚厚久乃以情言且致匹素
恕先爲畫小童持線車放風鳶引線數丈滿之富家
子大怒遂絶時與役夫小民入市肆飲食曰吾所與
游皆子類也太宗聞其名召赴闕館于内侍省押班
竇神興舍恕先長髯而美忽盡去之神興驚問其故
曰聊以效顰神興大怒除國子監主簿出館于太學
益縱酒肆言時政頗有謗讟語聞決杖配流登州至
齊州臨清謂部送吏曰我逝矣因掊地爲穴度可容
面俯窺焉而卒槀葬道左後數月故人欲改葬但衣
衾存焉蓋尸解也贊曰

長松攙天蒼壁揷水憑欄飛觀縹緲誰子空蒙寂歷
煙雨滅沒恕先在焉呼之或出

黄庭經贊一首 并叙

予既書黄庭内景以贈葆光道師而龍眠居士復為
作經相其前而畫予二人像其後筆勢雋妙遂為希
世之寶嗟歎不足故復贊之曰
太上虚皇出靈篇黄庭真人舞胎仙髯耆兩卿相後
前丱妙侠侍清且妍十有二神服鋭堅巍巍堂堂人
中天問我何修果此縁是心朝空夕了然恐非其人
世莫傳殿以二士蒼鵠騫南隨道師歷山淵山人迎

笑喜我還問誰遣化老龍眠

興國寺浴室院六祖畫贊一首并敘

予嘉祐初舉進士館於興國浴室老僧德香之院浴室之南有古屋東西壁畫六祖像其東刻木為樓閣堂宇以障之不見其全而西壁三師皆神宇靖深中空外夷意非知是道者不能為此書其上曰蜀僧令宗筆予初不聞宗名而家有偽蜀待詔丘文播筆畫相似殆不可辨曰宗豈師播者耶已而問諸蜀父老曰文播漢州人弟曰文曉而令宗其異父弟或曰其表弟也皆善畫山水人物竹石其品在黃筌句龍爽

之閒而文播之于仁慶尤長於花實羽毛蜀人趙昌
所師者予去三十一年而中書舍人彭君器資亦館
于是予往見之則院中人無復識予者獨主僧惟惠故
嘗當時堂上侍者然亦老矣道予觀令宗畫則三祖
依然尚在蔭翳間予與器資相顧太息汝曰嘻是
也何有乃徙置所謂樓閣堂宇者北向而出之六師
相視如言如笑如以法相授都人聞之觀者日衆汝
乃作欄楯以護之而器資請予為贊之曰
少林儀璧不以為礙彌天同輦不以為泰稽首六師
昔晦令明不去不來何損何增俯仰屈信三十一年

我雖日化其孰能還之

韓幹畫馬贊一首

韓幹之馬四其一在陸驤首奮鬣若有所望頓足而長鳴其一欲涉水高首下擇所由濟蹋䠞而未成其二在水前者反顧若以鼻語後者不應欲飲而留行以為廐馬也則前無羈絡後無箠策以為野馬也則隅目聳耳豐臆細尾皆中度程蕭然如賢大夫貴公子相與解帶脫帽臨水而濯纓遂欲高舉遠引友麋鹿而終天年則不可得矣蓋優哉游哉聊以卒歲而無營

師子屛風賛一首 并敘

潤州甘露寺有唐李衛公所留陸探微畫師子板余自錢唐移守膠西過而觀焉使工人摹之置蓋公堂中且賛之曰

圓其目仰其鼻奮鬛吐舌威見齒舞其足前其耳左顧右躑喜見尾雖猛而和蓋其戲嚴嚴高堂護燕几嗁呼顛沛走百鬼嗟乎妙哉古陸子

石菖蒲賛一首 并敘

本草菖蒲味辛溫無毒開心補五藏通九竅明耳目久服輕身不忘延年益心智高志不老注云生石磧

上概節者良生下濕地大根者乃是昌陽不可服韓退之進學解云訾醫師以昌陽引年欲進其豨苓不知退之即以昌陽為昌蒲耶抑謂其似是而非不可以引年也凡草木之生石上者必須微土以附其根如石韋石斛之類雖不待土然去其本處輙槁死惟石昌蒲并石取之濯去泥土漬以清水置盆中可數十年不枯雖不甚茂而節葉堅瘦根須連絡蒼然於凡案間久而益可喜也其輕身延年之功既非昌陽之所能及至於忍寒苦安澹泊與清泉白石為伍不待泥土而生者亦豈昌陽之所能髣髴哉余游慈湖

山中得數本以石盆養之置舟中間以文石石英璀
璨芬郁意甚愛焉顧恐陸行不能致也乃以遺九江
道士胡洞微使善視之余復過此將問其安否贊曰
清且泚惟石與水託於一器養非其地瘠而不死夫
孰知其理不如此何以輔五藏而堅髮齒

東坡集卷第二十

東坡集卷第二十一

論八首

省試刑賞忠厚之至論一首

御試重巽申命論一首

學士院試孔子從先進論一首

學士院試春秋定天下邪正論一首

後正統論三首

思治論一首

東坡集卷第二十一

論八首

省試刑賞忠厚之至論一首

論曰堯舜禹湯文武成康之際何其愛民之深憂民之切而待天下之以君子長者之道也有一善從而賞之又從而咏歌嗟嘆之所以樂其始而勉其終有一不善從而罰之又從而哀矜懲創之所以棄其舊而開其新故其吁俞之聲歡休慘戚見於虞夏商周之書成康既沒穆王立而周道始衰然猶命其臣呂侯而告之以祥刑其言憂而不傷威而不怒慈愛而

能斷惻然有哀憐無辜之心故孔子猶有取焉傳曰賞疑從與所以廣恩也罰疑從去所以慎刑也當堯之時臯陶為士將殺人臯陶曰殺之三堯曰宥之三故天下畏臯陶執法之堅而樂堯用刑之寬四岳曰鯀可用堯曰不可鯀方命圮族既而曰試之何堯之不聽臯陶之殺人而從四岳之用鯀也然則聖人之意蓋亦可見矣書曰罪疑惟輕功疑惟重與其殺不辜寧失不經嗚呼盡之矣可以賞可以無賞賞之過乎仁可以罰可以無罰罰之過乎義過乎仁不失為君子過乎義則流而入於忍人故仁可過也義不可

過也古者賞不以爵祿刑不以刀鋸賞以爵祿是賞之道行於爵祿之所加而不行於爵祿之所不加也刑以刀鋸是刑之威施於刀鋸之所及而不施於刀鋸之所不及也先王知天下之善不勝賞而爵祿不足以滿也知天下之惡不勝刑而刀鋸不足以裁也是故疑則舉而歸之於仁以君子長者之道待天下使天下相率而歸於君子長者之道故曰忠厚之至也詩曰君子如祉亂庶遄已君子如怒亂庶遄沮夫君子之已亂豈有異術哉時其喜怒而無失乎仁而已矣春秋之義立法貴嚴而責人貴寬因其褒貶之

義以制賞罰亦忠厚之至也謹論

御試重巽申命論一首

論曰昔聖人之始畫卦也皆有以配乎物者也巽之配於風者以其發而有所動也配於木者以其仁且順也夫發而有所動者不仁則不可以久不順則不可以行故發而仁動而順而巽之道備矣聖人以為不重則不可以變故因而重之使之動而能變變而不窮故曰重巽以申命言天子之號令如此而後可也天地之化育有可以指而言者有不可以求而得之者今夫日皆知其所以為煖雨皆知其所以為潤

雷霆皆知其所以爲震雪霜皆知其所以爲殺至於
風悠然布於天地之間來不知其所自去不知其所
入嘘而炎吹而冷大而鼓乎大山喬嶽之上細而入
乎竅空蔀屋之下發達萬物而天下不以爲德摧敗
草木而天下不以爲怒故曰天地之化育有不可求
而得者此聖人之所法以令天下之術也聖人在上
天下之民各得其職士者皆曰吾學而仕農者皆曰
吾耕而食工者皆曰吾作而用賈者皆曰吾負而販
不知聖人之制命令以鼓舞通變其道而使之安乎
此也聖人之在上也天下可由而不可知可言而不

可議蓋得乎巽之道也易者聖人之動而卦者動之
時也蠱之彖曰先甲三日後甲三日而巽之九五亦
曰先庚三日後庚三日而說者謂甲庚皆所以申命
而先後者慎之至也聖人憫斯民之愚而不忍使之
遽陷於罪戾也故先三日而令之後三日而申之不
從而後誅蓋其用心之慎也以至神之化令天下使
天下不測其端以至詳之法曉天下使天下明知其
所避天下不測其端而明知其所避故靡然相率而
不敢議也上令而下不議下從而上不誅順之至也
故重巽之道上下順也謹論

學士院試孔子從先進論一首

論曰君子之欲有為於天下莫重乎其始進也始進以正猶且以不正繼之況以不正進者乎古之人有欲以其君王者也有欲以其君霸者也有欲強其國者也是三者其志不同故其術有淺深而其成功有巨細雖其終身之所為不可逆知而其大節必見於其始進之日何者其中素定也未有進以強國而能霸者也未有進以霸而能王者也伊尹之耕於有莘之野也其心固曰使吾君為堯舜之君而吾民為堯舜之民也以伊尹為以滋味説湯者此戰國之策士

以己度伊尹也君子疾之管仲見桓公於纍囚之中
其所言者固欲合諸侯攘戎狄也管仲度桓公足以
霸度其身足以爲霸者之佐是故上無侈說下無卑
論古之人其自知明也如此商鞅之見孝公也三說
而後合甚矣鞅之懷詐挾術以欺其君也彼豈不自
知其不足以帝且王哉顧其刑名慘刻之學恐孝公
之不能從是故設爲高論以衒之君既不能是矣則
舉其國惟吾之所欲爲不然豈其負帝王之略而每
見輒變以徇人乎商鞅之不終於秦也是其進之不
正也聖人則不然其志愈大故其道愈高其道愈高

故其合愈難聖人視天下之不治如赤子之在水火
也其欲得君以行道可謂急矣然未嘗以難合之故
而少貶焉者知其始於少貶而其漸必至陵遲而大
壞也故曰先進於禮樂野人也後進於禮樂君子也
如用之則吾從先進孔子之世其諸侯卿大夫視先
王之禮樂猶方圓冰炭之不相入也進而先之以禮
樂其不合必矣是人也以道言之則聖人以世言之
則野人也若夫君子之急於有功者則不然其未合
也先之以世俗之所好而其既合也則繼以先王之
禮樂其心則然然其進不正未有能繼以正者也故

孔子不從而孟子亦曰枉尺直尋者以利言也如以利則枉尋直尺而利亦可為與君子之得其君也既度其君又度其身君能之而我不能不敢進也我能之而君不能不可為也不敢進而進是易其君不可為而為是輕其身是二人者皆有罪焉故君子之始進也曰君苟用我矣我且為是君曰能之則安受而不辭君曰不能天下其獨無人乎至於人君亦然將用是人也則告之以已所欲為要其能否而責成焉其曰姑用之而試觀之者皆過也後之君子其進也無所不至惟恐其不合也曰我將權以濟道既而道

卒不行焉則曰吾君不足以盡我也始不正其身終以謗其君是人也自以為君子而孟子之所謂賊其君者也謹論

學士院試春秋定天下之邪正論一首

論曰為穀梁者曰成天下之事業定天下之邪正莫善於春秋請因其說而極言之夫春秋者禮之見於事業者也孔子論三代之盛必歸於禮之大成而其衰必本於禮之漸廢君臣父子上下莫不由禮而定其位至以為有禮則生無禮則死故孔子自少至老未嘗一日不學禮而不治其他以之出入周旋亂臣

強君莫能加焉知天下莫之能用也退而治其紀綱條目以遺後世之君子則又以為不得親見於行事有其具而無其施設措置之方於是因魯史記為春秋一斷於禮凡春秋之所褒者禮之所與也其所貶者禮之所否也記曰禮者所以別嫌明疑定猶豫也而春秋一取斷焉故凡天下之邪正君子之所疑而不能決者皆至於春秋而定非定於春秋定於禮也故太史公曰春秋者禮義之大宗也為人君父而不知春秋者前有讒而不見後有賊而不知為人臣子而不知春秋者守經事而不知其宜遭變事而不知其

權夫禮義之失至於君不君臣不臣父不父子不子
其意皆以善為之而不知其義是以被之空言而不
敢辭夫邪正之不同也不啻若黒白使天下凡為君
子者皆如顏淵凡為小人者皆如桀跖雖微春秋天
下其孰疑之天下之所疑者邪正之間也其情則邪
而其迹若正者有之矣其情以為正而不知其義以
陷於邪者有之矣此春秋之所以丁寧反覆於其間
也宋襄公疑於仁者也晉荀息疑於忠者也襄公不
脩德而疲弊其民以求諸侯此其心豈湯武之心哉
而獨至於戰則曰不禽二毛不鼓不成列非有仁者

之素而欲一旦竊取其名以欺後世茍春秋不為正之則世之為仁者相率而為偽也故其書曰冬十一月乙巳朔宋公及楚人戰于泓宋師敗績春秋之書戰未有若此其詳也君子以為其敗固宜而無有隱諱不忍之辭焉荀息之事君也君存不能正其違没又成其邪志而死焉荀息而為忠則凡忠於盜賊死於私暱者皆忠也而可乎故其書曰及其大夫荀息不然則荀息孔父之徒也而可名哉謹論

後正統論三首至和二年作

揔論一

正統者何邪名邪實邪正統之說曰正者所以正天下之不正也統者所以合天下之不一也不幸有天子之實而無其位有天子之名而無其德是二人者立於天下天下何正何一而正統之論決矣正統之為言猶曰有天下云爾人之得此名而又有此實也夫何議天下固有無其實而得其名者聖人於此不得已焉而不以實傷名而名卒不能傷實故名輕而實重不以實傷名故天下不爭名輕而實重故天下趨於實天下有不肖而曰吾賢者矣未有賤而曰吾貴者也天下之爭自賢不肖始聖人憂焉不敢以亂

貴賤故天下知賢之不能奪貴天下之貴者聖人莫不貴之恃有賢不肖存焉輕以與人貴而重以與人賢天下然後知貴之不如賢知賢之不能奪貴故不爭知貴之不如賢故趨於實使天下不爭而趨於實是亦足矣正統者名之所在焉而已名之所在而不能有益乎其人而後名輕名輕而後實重吾欲重天下之實於是乎始輕正統聽其自得者十曰堯舜夏商周秦漢晉隋唐予其可得者六以存教曰魏梁後唐晉漢周使夫堯舜三代之所以為賢於後世之君者皆不在乎正統故後世之君不以其道而得者亦

無以為堯舜三代之比於是乎實重

辯論二

正統之論起於歐陽子而霸統之說起於章子二子之論吾與歐陽子故不得不與章子辯以全歐陽子之說全而吾之說又因以明章子之說曰進秦梁失而未善也進魏非也是章子未知夫名實之所在也夫所謂正統者猶曰有天下云爾名耳正統者果名也又焉實之知視天下之所同君而加之又焉知其他章子以為魏不能一天下不當與之統夫魏雖不能一天下而天下亦無有如魏之強者吴雖

存非兩立之勢柰何不與之統章子之不絕五代也亦徒以為天下無有與之敵者而已今也絕魏魏安得無辭哉正統者惡夫天下之無君而作也故天下雖不合於一而未至乎兩立者則君子不忍絕之於無君且夫德同而力均不臣焉可也今以天下不幸而不合於一德既無以相過而弱者又不肯臣乎強於是焉而不與之統亦見其重天下之不幸而助夫不臣者也章子曰鄉人且耻與盜者偶聖人豈得與簒君同名哉吾將曰是鄉人與是為盜者民則皆民也士則皆士也大夫則皆大夫也則亦與之皆坐乎

苟其勢不得不與之皆坐則鄉人何耻邪聖人得天下篡君亦得天下顧其勢不得不與之同名聖人何耻邪吾將以聖人耻夫篡君而篡君又焉能耻聖人哉章子曰君子大居正而以不正人居之是正不正之相去未能相遠也且章子之所謂正者何也以一身之正為正邪以天下有君為正邪一身之正是天下之私正也天下有君是天下之公正也吾無取乎私正也天下無君篡君出而制天下湯武既没吾安所取正哉故篡君者亦當時之正而已章子曰祖與孫雖百歲而子五十則子不得為壽漢與晉雖得天

下而魏不能一則魏不得為有統吾將曰其兄四十
而死則其弟五十為壽弟為壽乎其兄魏為有統乎
當時而已章子比之婦謂舅嬖妾為姑吾將曰舅則以
為妻而婦獨奈何不以為姑乎以妾為妻者舅之過
也婦謂之姑豈非婦罪也舉天下而受之魏晉是亦
漢魏之過而已矣與之統者獨何罪乎雖然歐陽子
之論猶有異乎吾說者歐陽子之所與者吾之所與
也歐陽子之所以與之非吾所以與之也歐陽子重
與之而吾輕與之且其言曰秦漢而下正統屢絕而
得之者少以其得之者少故其為名甚尊而重也嗚

呼吾不喜夫少也幸而得之者少故有以尊重其名不幸而皆得歐陽子其敢有所不與邪且其重之則其施於簒君也誠若過然故章子有以啓其說夫以文王而終身不得以魏晉梁而得之果其為重也則文王將有愧於魏晉梁焉必也使夫正統者不得為聖人之盛節則得之為無益得之為無益故雖舉而加之簒君而不為過使夫文王之所不得而魏晉梁之所得者皆吾之所輕者也然後魏晉梁無以愧文王而文王亦無所愧於魏晉梁焉

辨論三

始終得其正天下合於一是二者必以其道得之邪
亦或不以其道得之邪病乎或者之不以其道得之
也於是乎舉而歸之名歐陽子曰皆正統是以名言
者也章子曰正統又曰霸統是以實言者也歐陽子
以名言而純乎名章子以實言而不盡乎實章子之
意以霸統重其實而不知實之輕自霸統始使天下
之名皆不得過乎實者固章子意也天下之名果不
過乎實也則吾以章子為過乎聖人聖人不得已則
不能以實傷名而章子則能之且吾豈不知居得其
正之為正如魏受之於漢晉受之於魏不如至公大義之為正也

哉蓋亦有不得已焉耳如章子之説吾將求其備堯舜以德三代以德與功漢唐以功秦隋後唐晉漢周以力晉梁以弒（不言魏者因章子之説而與之辨）以實言之則德與功不如德功不如德與功力不如功弒不如力是堯舜而下得統者凡更四不如而後至於晉梁焉而章子以為天下之實盡於其正統霸統之間矣歐陽子純乎名故不知實之所止章子雜乎實故雖晉梁弒君之罪天下所不容之惡而其實反不過乎霸彼其初得正統之虛名而不測其實罪之所至也章子則告之曰爾霸者也夫以弒君得天下而不失為霸則

章子之說固便乎篡者也夫章子豈曰弑君者其實
止乎霸也哉蓋巳舉其實而著之名雖欲復加之皐
而不可得也夫王者没而霸者有功於天下吾以為
在漢唐為宜必不得已而秦隋後唐晉漢周得之吾
猶有憾焉柰何其舉而加之弑君之人乎嗚呼吾不
惜乎名而惜乎實也霸之於王也猶兄之於父也聞
天下之父嘗有曰堯者而曰必堯而後父少不若堯
而降為兄則瞽鯀懼至僕妾焉天下將有降父而至
於僕妾者無怪也從章子之說者其弊固至乎此也
故曰莫若純乎名純乎名故晉梁之得天下其名曰

正統而其弒君之實惟天下後世之所加而吾不為之齊量焉於是乎晉梁之惡不勝誅於天下實於此反不重乎章子曰堯舜曰帝三代曰王夏曰氏商周曰人古之人輕重其君有是也以為其霸統之說夫執聖人之一端以藉其口夫何說而不可吾亦將曰孔子刪書而虞夏商周皆曰書湯武王伯禽秦穆公皆曰誓以為吾皆曰正統之說其誰曰不可聖人之於實也不傷其名而後從之帝亦天子也王亦天子也氏亦人也人亦氏也夫何名之傷若章子之所謂霸統者傷乎名而喪乎實者也

思治論一首 嘉祐八年作

方今天下何病哉其始不立其卒不成惟其不成是以厭之而愈不立也凡人之情一舉而無功則疑再則倦三則去之矣今世之士所以相顧而莫肯為者非其無有忠義慷慨之志也又非其才術謀慮不若人也患在苦其難成而不復立不知其所以不成者罪在於不立也今立而成矣今世有三患而終莫能去其所從起者則五六十年矣自宫室禱祠之役興錢幣茶鹽之法壞加之以師旅而天下常患無財五六十年之間下之所以游談聚議而上之所以變政

易令以求豐財者不可勝數矣而財終不可豐自澶
淵之役北虜雖求和而終不得其要領其後重之以
西羌之變而邊陲不寧二國益驕以戰則不勝以守
則不固而天下常患無兵五六十年之間下之所以
游談聚議而上之所以變政易令以求強兵者不可
勝數矣而兵終不可強自選舉之格嚴而吏拘於法
不志於功名考功課吏之法壞而賢者無所勸不肖
者無所懼而天下常患無吏五六十年之間下之所
以游談聚議而上之所以變政易令以求擇吏者不
可勝數矣而吏終不可擇財之不可豐兵之不可強

臾之不可擇是豈眞不可邪故曰其始不立其卒不
成惟其不成是以厭之而愈不立也夫所貴於立者
以其規摹先定也古之君子先定其規摹而後從事
故其應也有候而其成也有形衆人以爲是汗漫不
可知而君子以爲理之必然如炊之無不熟種之無
不生也是故其用力省而成功速昔者子太叔問政
於子產子產曰政如農功日夜以思之思其始而圖
其終朝夕而行之行無越思如農之有畔子產以爲
不思而行與凡行而出於思之外者如農之無畔也
其始雖勤而終必棄之今夫富人之營宮室也必先

料其貲財之豐約以制宮室之大小既内決於心然後擇工之良者而用一人焉必告之曰吾將爲屋若干度用材幾何役夫幾人幾日而成土石材葦吾於何取之其工之良者必告之曰某所有木某所有石用材役夫若干某日而成主人率以聽焉及期而成既成而不失富則規摹之先定也今治天下則不然百官有司不知上之所欲爲也而人各有心好大者欲王好權者欲霸而媮者欲休息文吏之所至則治刑獄而聚斂之臣則以貨財爲急民不知其所適從也及其發一政則曰姑試行之而已其濟與否固未

可知也前之政未見其利害而後之政復發矣凡今之所謂新政者聽其始之議論豈不甚美而可樂哉然而布出於天下而卒不知其所終何則其規摹不先定也用捨係於好惡而廢興決於衆寡故萬全之利以小不便而廢者有之矣百世之患以小利而不顧者有之矣所用之人無常責而所發之政無成效此猶適千里不齎糧而假匄於塗人治病不知其所當用之藥而百藥皆試以僥倖於一物之中欲三患之去不可得也昔者太公治齊周公治魯至於數十世之後子孫之強弱風俗之好惡皆可得而逆知之

何者其所施專一則其勢固有以使之也管仲相桓
公自始為政而至於霸其所施設皆有方法及其成
功皆知其所以然至今可覆也咎犯之在晉范蠡之
在越文公句踐嘗欲用其民而二臣皆以為未可及
其以為可用也則破楚滅吳如寄諸其鄰而取之此
無他見之明而策之熟也夫今之世亦與明者熟策
之而已士爭言曰如是而財可豐如是而兵可強如
是而吏可擇吾從其可行者而規摹之發之以勇守
之以專達之以強日夜以求合於其所規摹之內而
無務出於其所規摹之外其人專其政一然而不成

者未之有也財之不豐兵之不強吏之不擇此三者存亡之所從出而天下之大事也夫以天下之大事而有一人焉獨擅而兼言之則其所以治此三者之術其得失固未可知也雖不可知而此三者決不可不治者可知也是故不可以無術其術非難知而難聽非難聽而難行非難行而難收孔子曰好謀而成使好謀而不成不如無謀蓋世有好劒者聚天下之良金鑄之三年而成以為吾劒天下莫敵也劒成而很戾缺折不可用何者是知鑄而不知收也今世之舉事者雖其甚小而欲成之者常不過數人欲壞之

者常不可勝數可成之功常難形若不可成之狀常先見上之人方且眩瞀而不自信又何暇及於收哉古之人有犯其至難而圖其至遠者彼獨何術也且非特聖人而已商君之變秦法也攖萬人之怒排舉國之說勢如此其逆也蘇秦之為從也合天下之異以為同聯六姓之疎以為親計如此其迂也淮陰侯請於高帝求三萬人願以北舉燕趙東擊齊南絕楚之糧道而西會於滎陽耿弇亦言於世祖欲先定漁陽取涿郡還收富平而東下齊世祖以為落落難合此皆越人之都邑而謀人國功如此其疎也然而四

子者行之若易然出於其口成於其手以為既已許吾君則親挈而還之今吾以自有之天下而行吾所得為之事其事又非有所拂逆於天下之意也非有所待於人而後具也如有財而自用之有子而自教之耳然而政出於天下有出而無成者五六十年於此矣是何也意者知出而不知收歛非不知收意者汗漫而無所收歛故為之說曰先定其規摹而後從事先定者可以謀人不先定者自謀常不給而況於謀人乎且今之世俗則有所可患者士大夫所以信服於朝廷者不篤而皆好議論以務非其上使人眩

於是非而不知其所從從之則事舉無可爲者不從
則其所行者常多故而易敗夫所以多故而易敗者
人各持其私意以賊之議論勝於下而幸其無功者
衆也富人之謀利也常獲世以爲福非也彼富人者
信於人素深而服於人素厚所爲而莫或害之所欲
而莫或非之事未成而衆已先成之矣夫事之行也
有勢其成也有氣富人者乘其勢而襲其氣也欲事
之易成則先治其所以信服天下者天下之士不可
以力勝力不可勝則莫若從衆從衆者非從衆多之
口而從其所不言而同然者是眞從衆也衆多之口

非果衆也特闔於吾耳而接於吾前未有非其私説者也於吾為衆於天下為寡彼衆之所不言而同然者衆多之口舉不樂也以衆多之口所不樂而棄衆之所不言而同然則樂者寡而不樂者衆矣古之人常以從衆得天下之心而世之君子常以從衆失之不知夫古之人其所從者非從其口而從其所同然也何以明之世之所謂逆衆斂怨而不可行者莫若減任子然不顧而行之者五六年矣而天下未嘗有一言何則彼其口之所不樂而心之所同然也從其所同然而行之若猶有言者則可以勿䘏矣故為之

説曰發之以勇守之以專達之以強苟知此三者非獨爲吾國而已雖北取契丹可也

東坡集卷第二十一

東坡集卷第二十二

策問十七首

[illegible]宗室策問一首

[illegible][illegible]策問三首

試館職策問一首

國學秋試策問二首

[illegible]試策問一首

私試策問七首

策問十九首

文集卷第二十二

東坡集卷第二十二

策問十七首

私試策問七首

問人主莫不欲安存而惡危亡然而其國常至於不可救者何也所憂者非其所以亂與亡而其所以亂與亡者常出於其所不憂也請借漢以言之昔者高帝之世天下既平矣當時之所憂者韓彭英盧而已此四王者皆不能終高帝之世相繼仆滅而不復續及至呂氏之禍則猶異姓也呂氏既已滅矣而吳楚之憂幾至於亡國方韓彭呂氏之禍惟恐同姓之不

蕃熾昌大也然至其為變則又過於異姓遠矣文景之世以為諸侯分裂破弱則漢可以百世而無憂至於武帝諸侯之難少衰而匈奴之患方熾則又以為天下之憂止於此矣及昭宣元成之世諸侯王既已無足憂者而匈奴又破滅臣事於漢然其所以卒至於中絕而不救則其所不慮之王氏也世祖既立上懲韓彭之難中鑒七國之變而下悼王氏之禍於是盡侯諸將而不任以事裁減同姓之封而黜三公之權以為前世之弊盡去矣及其衰也宦官之權盛而黨錮之難起士大夫相與搤腕而遊談者以為天子

一日誅宦官而解黨錮則天下猶可以無事於是外召諸將而內脅其君宦官既誅無遺類而董卓曹操之徒亦因以亡漢漢之所憂者凡六變而其亂與亡輙出於其所不憂而終不可備由此觀之治亂存亡之勢其皆有以取之歟抑將不可推如江河之徙移其勢自有以相激而不自知歟其亦可以理推力救而莫之為也今將使事至而應之患至而為之謀則天下之患不可以勝防而政化不可以勝變矣則亦將朝文而莫質忽寬而驟猛歟意者亦有可以長守而不變雖有小患而不足卹者歟願因論漢而極言

其所以然

問昔三代之際公卿有生而為之者士有至老而不遷者官有常人而人有常心故為周之公卿者非周召毛原則王之子弟也發於畎畝起於匹夫而至於公相則蓋亦有幾人而已士之勤苦終身於學講肄道藝而脩其廉隅以邀鄉里之名者不過以望鄉大夫賢能之書其選舉而上不過以為一命之士其傑異者至於大夫極矣夫周之世諸侯為政之卿皆其世臣之子孫則夫布衣之士其進蓋亦有所止也當是之時士皆安其習而樂其分不倦於小官而絜為

之故其民事脩而世務舉及其後世不然使天下旅進而更爲之雖布衣之賢得以驟進於朝廷而士始有無厭之心矣官事之不脩民事之不緝非其不能不屑爲之也先王之用人欲其人人自喜終老而不倦是以能盡其才今以凡人之才而又加之以既倦之意其爲弊可勝言乎今夫州縣之吏有故而不得改官者盤桓於州縣而不能去久者不過以爲職官令録仕而達者自縣宰爲郡之通守自郡之通守以至郡守爲郡守而無他才能則盤桓於太守而不得去由此觀之是職官令録與郡守四者爲國家棄材

之委而仕不達者之所盤桓而無聊也夫以太守之重職官令録之近於民而用棄材焉使不達者盤桓於其職此豈先王所以使人不倦之意歟嗟夫蓋亦有不得已也居今之勢何以使天下之士各安其分而無輕於小官何以使此四者流徙不倦而無不自聊賴之意其悉書于篇

問古者師出受成於學兵固學者之所宜知也今關中之事又諸君之所親履而目見者昔者六國之世秦盡有今關中之地地不加廣也而東備齊南備楚近則備韓魏遠則備燕趙有敵國之憂而無中原之

助然而當是時也攘却西戎至千餘里今也天下為一獨以關中之地西備羌戎三方無敵國之憂而又內引百郡以為助惴惴焉自固之不暇以百倍之勢而無昔人分毫之功此不可不論也古之為兵者戍其地則用其地之民戰其野則食其野之粟守其國則乘其國之馬是以外被兵而內不知此所以百戰而不殆也今則不然戍邊用東北之人糴糧用內郡之錢騎戰用西羌之馬是以一郡用兵而百郡騷然此又不可不論也昔者衛為狄所滅齊桓公以車三十乘封文公於楚丘及其末年至三百乘故其詩曰

匪直也人秉心塞淵騋牝三千以為資之四夷則衛之所近者莫若狄當是時也狄與衛為仇讎其勢必不以馬與衛然則衛獨以何術而能致馬如此之多邪今欲使被兵之郡自用其民自食其粟自乘其馬而不得其術故願聞其詳

問三代之祭禮其存者幾希矣其全固不可以一日而復然今天下郡縣通祀社稷孔子風伯雨師與凡山川古聖賢之廟此其禮尤急而不可闕者也武王伐商師渡盟津有宗廟有將舟將舟社主在焉則是社稷有主也古者師行載遷廟之主無遷廟則以幣

主爲廟不可一日虛主也一日虛主猶不可若無主而爲廟可乎是凡廟皆當有主也今郡縣所祭未嘗有主而皆有土木之像夫像安出哉古者祭莫不有尸詩有靈星之尸則祭無所不用尸也祭而不用尸者是始死之奠也不然則是祭殤也今也舉不用尸則如勿祭而已矣儒者治禮至其變尤謹嚴而詳今之變主爲像與祭而無尸者果誰始也古者坐於席故籩豆之長短簠簋之高下適與人均今土木之像既已巍然於上而列器皿於地使鬼神不享則不可知若其享之則是俯伏匍匐而就也鬼神不能譐譐

與人接也故使尸䞓立之今也無尸而受胙於虛位不亦鄙野可笑矣夫今欲使廟皆有主祭皆有尸不知何道而可願從諸君講求其遺制合於古而便於今者

問易之為書要以不可為必然可指之論也其始有畫而無文後世聖人始為之詞蓋亦微見其端而其或為仁或為義或小或大則付之後世學者之分然世益久遠則學者或入於邪說故凡孔子之所為賛易者特以防閑其邪說使之從橫旁午要不失正而非以為必然可指之論也是故其用意廣而其詞約

竊嘗深觀之孔子蓋有因爻詞而申言之若無所損益於其詞之義者甚衆比之初六有孚比之無咎有孚盈缶終來有它吉象曰比之初六有它吉也小畜之初九復自道何其咎吉象曰復自道其義吉也損之六四損其疾使遄有喜象曰損其疾亦可喜也大有之上九自天祐之吉無不利象曰大有上吉自天祐也夫既已言之矣而孔子又申言之使無所損益於其詞之義則孔子固多言也乃孔子則有不勝言者故願與諸君論之

問古之為爵賞所以待有功也以為有功而後爵天

下必有遺善是故有無功而爵者六德六行以興賢人是也古之為刑罰所以待有罪也以為有罪而後罰則天下必有遺惡是故有無罪而罰者行僞而堅言僞而辯學非而博順非而澤以疑衆殺是也夫人之難知自堯舜病之惟幸其有功故有以為賞之之名惟因其有罪故有以為罰之之狀而天下不爭今使無功之人名之以某德而爵之無罪之人狀之以某惡而誅之則天下不知其所從而上亦將眊亂而喪其所守然則古之人將何以處此歟方今法令明具政若畫一然猶有冒昧以僥倖巧詆以出入者又

況無功而賞無罪而罰鯀古之人將必有以處此也問聖人之言各有方也苟為不達執其一方而輒以為常則天下之惑者不可以勝原矣昔者孔子以為喪欲速貧死欲速朽而有子以為非君子之言乃孔子則有所由發也善乎有子之知孔子也語曰禘自既灌而往者吾不欲觀之易曰觀盥而不薦語曰吾豈匏瓜也哉安能繫而不食易曰以杞匏瓜有隕自天是二者其言則同而其所以言者可得為同歟王弼之於易可以為深矣然因其言之適同遂以為訓使學者不得不惑亦不可不辨

問古之作者苟非聖人皆有所偏徇其偏則已流廢其長則已苛二者皆非所謂善學也君子以其身之正知人之不正以人之不正知其身之有所未正也既以正人又反以正己此所以寡過而成名也昔者韓子論荀揚之疵而韓子之疵有甚於荀揚荀卿譏六子之蔽而荀卿之蔽不下於六子班固之論子長也以為是非謬於聖人而范曄之論班固也以為目見毫毛而不見睫自今而觀之不知范氏之書其果逃於目睫之論也歟其未也而莫或正之故願聞數子之得失非務以相高而求勝蓋亦樂夫儒者之以

道相正也

永興軍秋試舉人策問一首

問昔漢受天下於秦因秦之制而不害爲漢唐受天下於隋因隋之制而不害爲唐漢之與秦唐之與隋其治亂安危至相遠也然而卒無所改易又況於積安久治其道固不事變也世之君子以爲善人爲邦百年可以勝殘去殺病其説之不效急於有功而歸咎於法制是以頻年遣使冠蓋相望於道以求民之所患苦罷去茶禁歸之於民不以刑獄委任武吏至於考功取士皆有所損益行之數年卒未見其成而

紛紜之議爭以為不便嗟乎此特其小者耳事之可變將復有大於此者今欲盡易天下之驕卒以為府兵盡驅天下之異教以為齊民盡覈天下之惰吏以為考課盡率天下之游士以為農桑其為拂世厲俗非特如今之所行也行其小者且不能辦則其大者又安敢議然則是終不可變歟將變之不得其術歟將已得其術而紛紜之議不足卹歟無乃其道可變而不在其迹歟所謂勝殘去殺者其卒無效歟願條其說

國學秋試策問二首

問所貴乎學士大夫者以其通古今而考成敗也昔之人嘗有以是成者我必襲之嘗有以是敗者我必反之如是其可乎昔之為人君者患不能勤然而或勤以治亦或以亂文王之日昃漢宣之厲精始皇之程書隋文之傳餐其為勤一也昔之為人君者患不能斷然而或斷以興亦或以衰晉武之平吳憲宗之征蔡符堅之南伐宋文之北侵其為斷一也昔之為人君者患不信其臣然而或信以安亦或以危秦穆之於孟明漢昭之於霍光燕噲之於子之德宗之於盧杞其為信一也此三者皆人君之所難有志之士所

常咨嗟慕望曠世而不獲者也然考此數君者治亂興衰安危之效相反如此豈可不求其故歟夫貪慕其成功而為之與懲其敗而不為此二者皆過也學者將何取焉按其已然之迹而詆之也易推其未然之理而辨之也難是以未及見其成功則文王之勤無以異於始皇而方其未敗也符堅之斷與晉武何辨請舉此數君者得失之源所以相反之故將詳觀焉

問古者以民之多寡為國之貧富故管仲以陰謀傾魯梁之民而商鞅亦招三晉之人以并諸侯當周之盛時其民物之數登於王府者蓋拜而受之自漢以

來丁口之蕃息與倉廩府庫之盛莫如隋其貢賦輸籍之法必有可觀者然學者以其得天下不以道又不過再世而亡是以鄙之而無傳焉孔子曰不以人廢言而況可以廢一代之良法乎文帝之初有戸三百六十餘萬平陳所得又五十萬至大業之始不及二十年而增至八百九十餘萬者何也方是時布帛之積至於無所容資儲之在天下者至不可勝數及其敗亡塗地而洛口諸倉猶足以致百萬之衆其法豈可少哉國家承平百年戸口之衆有過於隋然以今之法觀之特便於徭役而已國之貧富何與焉非

徒無益於富又且以多為患生之者寡食之者衆是以公私枵然而百弊並生夫立法創制將以遠迹三代而曾隋氏之不及此豈可不論其故哉

試館職策題三首

問傳曰秦失之強周失之弱昔周公治魯親親而尊尊至其後世有寖微之憂太公治齊舉賢而上功而其末流亦有爭奪之禍夫親親而尊尊舉賢而上功三代之所共也而齊魯行之皆不免於衰亂其故何哉國家承平百年六聖相授為治不同同歸于仁今朝廷欲師　仁祖之忠厚而患百官有司不舉其職

或至於媮欲法　神考之勵精而恐監司守令不識其意流入於刻夫使忠厚而不媮勵精而不刻亦必有道矣昔漢文寬仁長者至於朝廷之間恥言人過而不聞其有怠廢不舉之病宣帝綜核名實至於文理之士咸精其能而不聞其有督責過甚之失何脩何營可以及此願深明所以然之故而條具所當行之事悉著于篇以備採擇

問古之君子見禮而知俗聞樂而知政於以論興亡之先後考古以詔今葢學士大夫之職而人主與群臣之所欲聞也請借漢而論之西漢十二世而有道

之君六雖成哀失德禍不及民宜其立國之勢彊固不拔而王莽以斗筲穿窬之才談笑而取之東漢自安順以降日趨於衰亂而桓靈之虐甚於三季其勢宜易動而董吕二袁皆以絕人之姿欲取而不敢曹操功蓋天下其才百倍王莽盡其智力終身莫能得夫治亂相絕而安危之效相反如此願考其政察其俗悉陳其所以然者

問國家及閑暇無事時闢三館以儲士既命丞弼之臣各舉其所知又詔有司發策而訪焉非獨以觀子大夫之能抑欲聞天下之要務決當今之滯論也官

冗之弊久矣而近歲尤甚文武之吏待次於都下者
幾數千人坐視而不救歟則下有食貧失職之歎裁
損入流減削任子以救之歟則上有傷恩失士之憂
河朔之民不安其居久矣一遇水旱則扶老攜幼轉
徙而南下令而禁之歟則民違死而趨生令必不行
聽其南而不禁歟則河朔漸空而流民聚於南方有
足憂者河自近歲屢決而西聽其西而不塞歟則汎
濫千里農民失業塞而歸之故道歟則水未必聽或
至於齧壞都邑此三者皆安危之所係利害相持而
未決者也子大夫講之熟矣願聞其說

省試策問三首

問孟子曰君仁莫不仁君義莫不義君正莫不正一正君而國定君子之至於斯也亦可謂用力省而成功愽矣　陛下嗣位于今四年未言而民信之無為而天助之雖羣臣有司不足以識知盛德之所在然竊意其萬一殆專以仁孝禮義好生納諫治天下也子大夫生於此時而又以德行道藝賓興于廷將必有意於孟子之言正君而國定願聞所謂一言而興邦修身而天下服者夫堯舜尚矣學者無所復議自漢以來道德純備未有如文帝者也今考其行事而

可疑者三上林令吏之不才而虎圈嗇夫才之過人者也才者見而不錄不才者置而不問則事之不廢壞者有幾然則兵偃刑措何從而致之南越不臣寵以使者吳王不朝賜以几杖此與唐之陵夷藩鎮自立以邀旄鉞者何異不幾於姑息苟簡之政歟傳曰三王臣主俱賢五霸不及其臣文帝不見賈生自以為過之既見不如也文帝豈霸者歟帝自以為不如而魏文帝乃以為過之此又何也抑過之為賢歟將自謂不如為賢歟漢文之所以為文殆以是三者而可疑如此故願與子大夫論之以待上問而發焉

問易曰神而明之存乎其人詩曰無競惟人四方其
訓之文武之功未有不以得人而成者也仲尼旅人
也而門人可使南面重耳亡公子也而從者足以相
國漢之得人盛於武宣皆拔之芻牧之中而表之公
卿之上世主不以為疑士大夫不以為嫌者風俗厚
而論議正也宋蔡廓為吏部尚書黄散以下皆得自
用而廓以為薄已今自宰相不得專選舉一命以上
皆付之定法此何道也昔常衮當國雖盡公守法而
賢愚同滯天下譏之及崔貽孫相不及一年除吏八
百多其親舊號稱得人故建中之政幾同正觀夫使

宰相守法如常衮則不免於賢愚同滯之譏用人如貽孫則必有威福下移之謗欲望得人於微陋之中而成功於繩墨之外豈不難哉子大夫學優而求用者也當何施於今而免於斯二者願極言之

問歷觀前世天下初定民始休息下既厭亂而思靜上亦虛心而無作是以公私富溢刑罰清省及其久安無變則夸者喜名智者貪功生事以為樂無病而自灸則天下騷然財屈力殫而民始病矣自漢以來鮮不由此漢初置郡不過六十而文景之化幾致刑措及唐中葉列三百州為千四百縣而政益荒是時

宿兵八十餘萬民去為商賈度為佛老雜入科役率
常十五天下常以勞苦之人三奉坐待衣食之人七
流弊之極至元和中乃命段平仲韋貫之許孟容李
絳一切蠲減凡省冗官八百員吏千四百員民以少
紓而上下相安無刻核之怨今朝廷無事百有餘年
雖六聖相授求治如不及而吏惰民勞蓋不勝弊今
者驕兵冗官之費宗室貴戚之奉邊鄙將吏之給蓋
十倍於往日矣安視而不䘏瘝則有民窮無告之憂
以義而裁之瘝則有拂逆人情之患夫元和之世彼
四子者何獨能之子大夫雖未仕其詳有所不知而

救此之道當講其要願悉著于篇

省試宗室策問一首

問昔周之盛時其卿士皆周召毛原非王之伯叔父則其子弟也至兩漢閒平歆向世不乏人而唐之宗室最近而易考武略如道宗孝恭文章如白與賀者不可以一二數而以宰相進者有九人焉嗚呼何其盛也建隆以來不以吏事責宗子雖有文武異才終身不試　先帝獨見遠覽恩義並用增修教養之法肇開選舉之路蓋十有餘年矣罷朝請而走郡縣釋膏粱而治簿書者固不為少然名字暴著可以追配

古人者蓋未之見焉意者謙畏慎默而不自獻歟將教養選舉之法有所缺而未明歟其悉著于篇以俟採擇

東坡文集卷第二十二

重刊明成化本東坡七集

東坡集卷第二十三

雜文二十二首

明正一首

雜説一首

日喻一首

問養生一首

怪石供一首

後怪石供一首

書劉庭式事一首

書秋武襄事一首

書唐氏六家書後一首

書篆髓後一首

書吳道子畫後一首

書朱象先畫後一首

明正一首送于伋失官東歸

世俗之患患在悲樂不以其正非不以其正其所取以為正者非也請借子以明其正子之失官有為子悲如子之自悲者乎有如子之父兄妻子之為子悲者乎子之所以悲者惑於得也父兄妻子之所以悲者惑於愛也惟不與去於己者則不惑亦不悲夫惑則悲不惑則

不悲人宜以惑者爲正歟抑將以不惑者爲正歟以不惑者爲正則不悲者正也然子亦有所樂者曰吾之所以爲吾者豈以是哉雖失是其所以爲吾者猶存則吾猶可樂焉已而不樂又從而悲之則亦不忍夫天下之凡愛我者之悲而不釋夫天下之凡惡我者之喜也夫愛我而悲惡我而喜是知我之粗也樂其所以爲吾者存是自知之深也人不以自知之深爲正而以知我之粗者爲正是得爲正也歟故吾願爲子言其正子將終身樂而不悲詩云優哉游哉聊以卒歲

雜説一首 送張琥

曷甞觀於富人之稼乎其田美而多其食足而有餘其田美而多則可以更休而地力得完其食足而有餘則種之常不後時而歛之常及其熟故富人之稼常美少秕而多實久藏而不腐今吾十口之家而共百畝之田寸寸而取之日夜以望之鋤耰銍艾相尋於其上者如魚鱗而地力竭矣種之常不及時而歛之常不待其熟此豈能復有美稼哉古之人其才非有以大過今之人也其平居所以自養而不敢輕用以待其成者閔閔焉如嬰兒之望長也弱者養之以至於剛虛者養之以至於充三十而後仕五十而後爵信於久屈之中而用於

至足之後流於既溢之餘而發於持滿之末此古之人所以大過人而今之君子所以不及也吾少也有志於學不幸而早得與吾子同年吾子之得亦不可謂不早也吾今雖欲自以為不足而衆且妄推之矣嗚呼吾子其去此而務學也哉博觀而約取厚積而薄發吾告子止於此矣子歸過京師而問焉有曰轍子由者吾弟也其亦以是語之

日喻一首

生而眇者不識日問之有目者或告之曰日之狀如銅槃扣槃而得其聲他日聞鍾以為日也或告之曰日之

光如燭捫燭而得其形他日揣籥以為日也日之與鍾籥亦遠矣而眇者不知其異以其未甞見而求之人也道之難見也甚於日而人之未達也無以異於眇達者告之雖有巧譬善導亦無以過於槃與燭也自槃而之鍾自燭而之籥轉而相之豈有既乎故世之言道者或即其所見而名之或莫之見而意之皆求道之過也然則道卒不可求歟蘇子曰道可致而不可求何謂致孫武曰善戰者致人不致於人孔子曰百工居肆以成其事君子學以致其道莫之求而自至斯以為致也歟南方多没人日與水居也七歲而能涉十歲而能浮十五

而能没矣夫没者豈苟然哉必將有得於水之道者日與水居則十五而得其道生不識水則雖壯見舟而畏之故北方之勇者問於没人而求其所以没以其言試之河未有不溺者也故凡不學而務求道皆北方之學没者也昔者以聲律取士士雜學而不志於道今者以經術取士士求道而不務學渤海吴君彦律有志於學者也方求舉於禮部作日喻以告之

問養生一首

余問養生於吴子得二言焉曰和曰安何謂和曰子不見天地之為寒暑乎寒暑之極至於折膠流金而物

不以為病其變者微也寒暑之變晝與日俱逝夜與月並馳俯仰之間屢變而人不知者微之至和之極也使此二極者相尋而狎至則人之死久矣何謂安曰吾嘗自牢山浮海達于淮遇大風焉舟中之人如附於桔槔而與之上下如蹈車輪而行反逆眩亂不可止而吾飲食起居如他日吾非有異術也惟莫與之爭而聽其所為故凡病我者舉非物也食中有蛆人之見者必嘔也其不見而食者未嘗嘔也請察其所從生論八珍者必嚥言糞穢者必唾二者未嘗與我接也唾與嚥何從生哉果生於物乎果生於我乎知其生於我也則雖與之

接而不變安之至也安則物之感我者輕和則我之應
物者順外輕內順而生理備矣吾于古之靜者也其觀
於物也審矣是以私識其言而時省觀焉

怪石供一首

禹貢青州有鉛松怪石解者曰怪石似玉者今齊安
江上往往得美石與玉無辨多紅黃白色其文如人指
上螺精明可愛雖巧者以意繪畫有不能及豈古所
謂怪石者耶凡物之醜好生於相形吾未知其果安在
也使世間石皆若此則今之凡石復為怪矣海外有
形語之國口不能言而相喻以形其以形語也捷於口

使吾爲之不已難乎故夫天機之動忽焉而成而人眞
以爲巧也雖然自禹以來怪之矣齊安小兒浴於江時
有得之者戲以餅餌易之既久得二百九十有八枚大
者兼寸小者如棗栗菱芡其一如虎豹首有口鼻眼處
以爲群石之長又得古銅盆一枚以盛石挹水注之粲
然而廬山歸宗佛印禪師適有使至遂以爲供禪師嘗
以道眼觀一切世間混淪空洞了無一物雖夜光尺璧
與瓦礫等而況此石雖然願受此供灌以墨池水強爲
一笑使自今以往山僧野人欲供禪師而力不能辦衣
服飲食卧具者皆得以淨水注石爲供蓋自蘇子瞻始

時元豐五年五月黃州東坡雪堂書

後怪石供一首

蘇子既以怪石供佛印佛印以其言刻諸石蘇子聞而笑曰是安所從來哉予以餅易諸小兒者也以可食易無用予既足笑矣彼又從而刻之今以餅供佛印佛印必不刻也石與餅何異參寥子曰然供者幻也受者亦幻也刻其言者亦幻也夫幻何適而不可舉手而示蘇子曰拱此而揖人人莫不喜戟此而詈人人莫不怒同是手也而喜怒異世未有非之者也子誠知拱戟之皆幻則喜雖存而根亡刻與不刻無不可者蘇子大笑曰

子欲之耶乃亦以供之凡二百五十弃二石槳云

書劉庭式事一首

予昔爲密州殿中丞劉庭式爲通判庭式齊人也而子由爲齊州掌書記得其鄉閭之言以告予曰庭式通禮學究未及第時議娶其鄉人之女既約而未納幣也庭式及第其女以疾兩目皆盲女家躬耕貧甚不敢復言或勸納其幼女庭式笑曰吾心已許之矣雖盲豈負吾初心哉卒娶盲女與之偕老盲女死於密庭式喪之逾年而哀不衰不肯復娶予偶問之哀生於愛愛生於色子娶盲女與之偕老義也愛從何生哀從何出乎庭式

曰吾知喪吾妻而已有目亦吾妻也無目亦吾妻也吾
若緣色而生愛緣愛而生哀色衰愛弛吾哀亦忘則凡
揚袂倚市目挑而心招者皆可以爲妻也耶予深感其
言曰子功名富貴人也或笑予言之過予曰不然昔羊
叔子娶夏侯霸女霸叛入蜀親友皆告絶而叔子獨安
其室恩禮有加焉君子是以知叔子之貴也其後卒爲
晉元臣今庭式亦庶幾焉若不貴必且得道時坐客皆
憮然不信也昨日有人自廬山來云庭式今在山中監
太平觀面目奕奕有紫光步上下峻坂往復六十里如
飛絶粒不食已數年矣此豈無得而然哉聞之喜甚自

以吾言之不妄也乃書以寄密人趙杲卿杲卿與庭式善且皆甞聞余言者庭式字得之今為朝請郎杲卿字明叔鄉貢進士亦有行義元豐六年七月十五日東坡居士書

書狄武襄事一首

狄武襄公者本農家子年十六時其兄素與里人失其姓名號鐵羅漢者鬬於水濱至溺救之保伍方縛素公適餉田見之曰殺羅漢者我也人皆釋素而縛公公曰我不逃死然待我救羅漢庶幾復活若決死者縛我未晚也衆從之公默祝曰我若貴羅漢當蘇乃舉其尸出

水數斗而活其後人無知者公薨其子諮詠護喪歸葬西河父老為言此元祐元年十二月五日與詠同館北客夜話及之眉山蘇軾記

書孟德傳後一首

子由書孟德事見寄余既聞而異之以為虎畏不懼己者其理似可信然世未有見虎而不懼者則斯言之有無終無所試之然曩余聞忠萬雲安多虎有婦人晝日置二小兒沙上而浣衣於水者虎自山上馳來婦人蒼皇沉水避之二小兒戲沙上自若虎熟視久之至以首觝觸庶幾其一懼而兒癡竟不知怪虎亦卒去意虎之

食人必先被之以威而不懼之人威無所從施歟世言虎不食醉人必坐守之以俟其醒非俟其醒俟其懼也有人夜自外歸見有物蹲其門以為猪狗類也以杖擊之即逸去至山下月明覻則虎也是人非有以勝虎而氣已蓋之矣使人之不懼皆如嬰兒醉人與其未及知之時則虎畏之無足怪者故書其末以信子由之說

書六一居士傳後一首

蘇子曰居士可謂有道者也或曰居士非有道者也有道者無所挾而安居士之於五物捐世俗之所爭而拾其所弃者也烏得為有道乎蘇子曰不然挾五物而後

安者惑也釋五物而後安者又惑也且物未始能累人也軒裳圭組且不能為累而況此五物乎物之所以能累人者以吾有之也吾與物俱不得已而受形於天地之間其孰能有之而或者以為已有得之則喜喪之則悲今居士自謂六一是其身均與五物為一也不知其有物耶物有之也居士與物均為不能有其孰能置得喪於其間故曰居士可謂有道者也雖然自一觀五居士猶可見也與五為六居士不可見也居士殆將隱矣

書瑯琊篆後一首

秦始皇帝二十六年初并天下二十八年親巡東方海上

登瑯琊臺觀出日樂之忘歸徙黔首三萬家臺下刻石頌秦德焉二世元年復刻詔書其旁今頌詩亡矣其從臣姓名僅有存者而二世詔書具在自始皇帝二十八年歲在壬午至今熙寧九年丙辰凡千二百九十五年而蜀人蘇軾來守高密得舊紙本於民間比今所見猶爲完好知其存者磨滅無日矣而廬江文勛適以事至密勛好古善篆得李斯用筆意乃摹諸石置之超然臺上夫秦雖無道然所立有絶人者文字之工世亦莫及皆不可廢後有君子得以覽觀焉正月七日甲子記

書鮮于子駿楚詞後一首

鮮于子駿作楚詞九誦以示軾軾讀之茫然而思喟然而歎曰嗟乎此聲之不作也久矣雖欲作之而聽者誰乎譬之於樂變亂之極而至於今凡世俗之所用皆夷聲夷器也求所謂鄭衛者且不可得而況於雅音乎學者方欲陳六代之物弦匏三百五篇黎然如戛釜竈橦罋盎未有不坐睡竊笑者也好之而欲學者無其師知之而欲傳者無其徒可不悲哉今子駿獨行吟坐思寤寐於千載之上追古屈原宋玉反其人於冥寞續微學之將墜可謂至矣而覽者不知甚貴蓋亦無足怪者彼必嘗從事於此而後知其難且工其不學者以為苟然

而已元豐元年四月九日趙郡蘇軾書

書遊湯泉詩後一首

余之所聞湯泉七其五則今三子之所遊與秦君之賦所謂匡廬汝水尉氏驪山其二則余之所見鳳翔之駱谷與渝州之陳氏山居也皆棄於窮山之中山僧野人之所浴麋鹿猿猱之所飲惟驪山當往來之衝華堂玉甃獨為勝絶然坐明皇之累為楊李禄山所汚使口舌之士援筆唾罵以為亡國之餘辱莫大焉今惠濟之泉獨為三子者咏歎如此豈非所寄僻遠不為當塗者所恩而後得為高人逸士與世異趣者之所樂乎或曰明

皇之累楊李禄山之汙泉豈知惡之然則幽遠僻陋之
歎亦非泉之所病也泉固無知於榮辱特以人意推之
可以為抱器適用而不擇所處者之戒

書歐陽公黄牛廟詩後一首

右歐陽文忠公為峽州夷陵令日所作黄牛廟詩也軾
嘗聞之於公予昔以西京留守推官為館閣較勘時同
年丁寳臣元珍適來京師夢與予同舟泝江入一廟中拜
謁堂下予班元珍下元珍固辭予不可方拜時神像為
起鞠躬堂下且使人邀予上耳語久之元珍私念神亦
如世俗待館閣乃爾異禮耶既出門見一馬隻耳覺而

語予固莫識也不數日元珍除峽州判官已而余亦貶
夷陵令日與元珍處不復記前夢矣一日與元珍泝峽
謁黄牛廟入門惘然皆夢中所見予為縣令固班元珍
下而門外鐫石為馬缺一耳相視大驚乃留詩廟中有
石馬繫祠門之句蓋私識其事也元豐五年軾謫居黄
州宜都令朱君嗣先見過因語峽中山水偶及之朱君
請書其事與詩當刻石於廟使人知進退出處皆非人
力如石馬一耳何與公事而亦前定況其大者公既為
神所禮而猶謂之淫祀以見其直氣不阿如此感其言
有味故為録之正月二日眉山蘇軾書

書蒲永昇畫後一首

古今畫水多作平遠細皺其善者不過能爲波頭起伏使人至以手捫之謂有窪隆以爲至妙矣然其品格特與印板水紙爭工拙於毫釐間耳唐廣明中處士孫位始出新意畫奔湍巨浪與山石曲折隨物賦形盡水之變號稱神逸其後蜀人黄筌孫知微皆得其筆法始知微欲於大慈寺壽寧院壁作胡灘水石四堵營度經歲終不肯下筆一日倉皇入寺索筆墨甚急奮袂如風須臾而成作輸瀉跳蹙之勢洶洶欲崩屋也知微既死筆法中絶五十餘年近歲成都人蒲永昇嗜酒放浪

性與畫會始作活水得二孫本意自黃居寀兄弟李懷袞之流皆不及也王公富人或以勢力使之永昇輒嘻笑捨去遇其欲畫不擇貴賤頃刻而成嘗與余臨壽盌院水作二十四幅每夏日掛之高堂素壁即陰風襲人毛髪爲立永昇今老矣畫亦難得而世之識真者亦少如往時董羽近日常州戚氏畫水世或傳寶之如董戚之流可謂死水未可與永昇同年而語也元豐三年十二月十八日夜黃州臨臯亭西齋戲書

書樂毅論後一首

魏氏春秋云夏侯玄著樂毅張良及本無肉刑論辭旨

通遠傳於世然以余觀之燕師之伐齊猶未及桓文之舉也而以為幾湯武豈不過甚矣乎初玄好老莊道德之言與何晏等皆有盛名然卒陷曹爽黨中玄亦不免李豐之禍晏目玄以易之所謂深者而玄目晏以神及其遇禍深與神皆安在乎群兒妄作名字自相刻畫類皆如此可以發千載之一笑

書韓魏公黃州詩後一首

黃州山水清遠土風厚善其民寡求而不争其士静而文朴而不陋雖閭巷小民知尊愛賢者曰吾州雖遠小然王元之韓魏公嘗辱居焉以誇於四方之人元之自

黃遷蘄州役于蘄然世之稱元之者必曰黃州而黃人亦曰吾元之也魏公去黃四十餘年而思之不忘至以為詩夫賢人君子天之所以遺斯民天下之所共有而黃人獨私以為寵豈其尊德樂道獨異於他邦也歟抑二公與此州之人有宿昔之契不可知也元之為郡守有德於民民懷之不忘也固宜魏公以家艱從其兄居耳民何自知之詩云有匪君子如金如錫如圭如璧金錫圭璧之所在瓦石草木被其光澤矣何必施於用奉議郎孫貢公素黃人也而客於公公知之深蓋所謂教授書記者也而軾亦公之門人謫居於黃五年治東坡築

雪堂蓋將老焉則亦黄人也於是相與募公之詩而刻之石以爲黄人無窮之思而吾二人者亦庶幾託此以不忘乎元豐七年十月二十六日汝州團練副使蘇軾記

書李伯時山莊圖後一首

或曰龍眠居士作山莊圖使後來入山者信足而行自得道路如見所夢如悟前世見山中泉石草木不問而知其名遇山中漁樵隱逸不名而識其人此豈强記不忘者乎曰非也晝日者常疑餅非忘日也醉中不以鼻飲夢中不以趾捉天機之所合不强而自記也居士之在山也不留於一物故其神與萬物交其智與百工通

雖然有道有藝有道而不藝則物雖形於心不形於手吾嘗見居士作華嚴相皆以意造而與佛合佛菩薩言之居士畫之若出一人況自畫其所見者乎

書唐氏六家書後一首

永禪師書骨氣深穩體兼衆妙精能之至反造疎淡如觀陶彭澤詩初若散緩不收反覆不已乃識其奇趣今法帖中有云不具釋智永白者誤收在逸少部中然亦非禪師書也云謹此代申此乃唐末五代流俗之語耳而書亦不工歐陽率更書妍緊拔羣尤工於小楷高麗遣使購其書高祖歎曰彼觀其書以爲魁梧奇偉人也

此非知書者凡書象其為人率更貌寒寢敏悟絕人今
觀其書勁嶮刻厲正稱其貌耳褚河南書清遠蕭散微
雜隸體古之論書者兼論其平生苟非其人雖工不貴
也河南固忠臣但有譖殺劉洎一事使人怏怏然余嘗
攷其實恐劉洎末年褊忿實有伊霍之語非譖也若不
然馬周明其無此語太宗獨誅洎而不問周何哉此殆
天后朝許李所誣而史官不能辨也張長史草書頹然
天放略有點畫處而意態自足號稱神逸今世稱善草
書者或不能真行此大妄也真生行行生草真如立行
如行草如走未有未能行立而能走者也今長安猶有

長史真書郎官石柱記作字簡遠如晉宋間人顏魯公
書雄秀獨出一變古法如杜子美詩格力天縱奄有漢
魏晉宋以來風流後之作者殆難復措手柳少師書本
出於顏而能自出新意一字百金非虛語也其言心正
則筆正者非獨諷諫理固然也世之小人書字雖工而
其神情終有睢盱側媚之態不知人情隨想而見如韓
子所謂竊斧者乎抑真爾也然至使人見其書而猶憎
之則其人可知矣余謫居黃州唐林夫自湖口以書遺
余云吾家有此六人書子為我略評之而書其後林夫
之書過我遠矣而反求於予何哉此又未可曉也元豐

四年五月十一日眉山蘇軾書

書篆髓後一首

滎陽鄭惇方字希道作篆髓六卷字義一篇凡古今字說班楊賈許二李二徐之學其精者皆在間有未盡傳以新意然皆有所考本不用意斷曲說其疑者蓋闕焉凡學術之邪正視其為人鄭君信厚君子也其言宜可信余嘗論學者之有說文如醫之有本草雖草木金石各有本性而醫者用之所配不同則寒溫補瀉之效隨用各別而自漢以來學者多以一字考經字同義異皆欲一之彫刻采繪必成其說是以六經不勝異說而學

者疑焉孔子曰夫聞也者色取仁而行違居之不疑則聞為小人而詩曰允矣君子展也大成之子于征有聞無聲則聞為君子又曰君子周而不比則比為惡而易曰地上有水比以建萬國親諸侯則比為善有子曰知和而和不以禮節之亦不可行也則所謂和者同而已矣而孔子曰君子和而不同若此者多矣喪欲速貧死欲速朽比以八字成文然猶不可一曰言各有當也而況欲以一字一之耶余愛鄭君之學簡而通故私附其後

書吳道子畫後

知者創物能者述焉非一人而成也君子之於學百工
之於技自三代歷漢至唐而備矣故詩至於杜子美文
至於韓退之書至於顔魯公畫至於吴道子而古今之
變天下之能事畢矣道子畫人物如以燈取影逆來順
往旁見側出横斜平直各相乘除得自然之數不差毫
末出新意於法度之中寄妙理於豪放之外所謂遊刃
餘地運斤成風蓋古今一人而已余於他畫或不能必其
主名至於道子望而知其眞僞也然世罕有眞者如史
全叔所藏平生蓋一二見而已元豐八年十一月七日
書

書朱象先畫後一首

松陵人朱君象先能文而不求舉善畫而不求售曰文以達吾心畫以適吾意而已昔閻立本始以文學進身卒蒙畫師之耻或者以是為君病余以謂不然謝安石欲使王子敬書太極殿榜以韋仲將事諷之子敬曰仲將魏之大臣理必不爾若然者有以知魏德之不長也使立本如子敬之高其誰敢以畫師使之阮千里善彈琴無貴賤長幼皆為彈神氣冲和不知向人所在内兄潘岳使彈終日達夜無忤色識者知其不可榮辱也使立本如千里之達其誰能以畫師辱之今朱君無求於

世雖王公貴人其何道使之遇其解衣盤礴雖余亦得攫攘其旁也元祐五年九月十八日東坡居士書

東坡集卷第二十三

東坡集卷第二十四

敘十五首

南行前集敘一首

送章子平詩敘一首

牡丹記敘一首

送杭州進士詩敘一首

邵茂誠詩集敘一首

錢塘勤上人詩集敘一首

晁君成詩集敘一首　梟繹先生詩集一首

徐州鹿鳴燕賦詩敘一首

王定國詩集敘一首

聖散子敘一首

田表聖奏議敘一首

樂全先生文集敘一首

范文正公文集敘一首

居士集敘一首

字說三首

文與可字說一首

楊薦字說一首

張厚之忠甫字說一首

敘十五首

南行前集敘一首

夫昔之爲文者非能爲之爲工乃不能不爲之爲工也山川之有雲草木之有華實充滿勃鬱而見於外夫雖欲無有其可得耶自少聞家君之論文以爲古之聖人有所不能自已而作者故軾與弟轍爲文至多而未嘗敢有作文之意己亥之歲侍行適楚舟中無事博奕飲酒非所以爲閨門之歡山川之秀美風俗之朴陋賢人君子之遺跡與凡耳目之所接者雜然有觸於中而發於咏歎蓋家君之作與弟轍之文皆在凡一百篇謂

之南行集將以識一時之事為他日之所尋繹且以為得於談笑之間而非勉强所為之文也時十二月八日江陵驛書

送章子平詩敘一首

觀進士登科録自天聖初訖于嘉祐之末凡四千五百一十有七人其貴且賢以名聞於世者葢不可勝數數其上之三人凡三十有九而不至於公卿者五人而已可謂盛矣詩曰誕后稷之穡有相之道我仁祖之於士也亦然較之以聲律取之以糊名而異人出焉是何術哉目之所閲手之所歴口之所及其人未有不頎大光明秀

傑者也此豈人力乎天相之也天之相人君莫大於以人遺之其在位之三十五年進士蓋十舉矣而得吾子平以爲首子平以文章之美經術之富政事之敏守之以正行之以謙此功名富貴之所迫逐而不赦者也雖徼舉首其孰能加之然且困躓而不信十年於此矣意者任重道遠必老而後大成歟不然我仁祖之明而天相之遺之人以任其事而豈徒然哉熙寧三年冬子平自右司諫直集賢院出牧鄭州士大夫知其將用也十月丁未會于觀音之佛舍相與賦詩以餞之余於子平爲同年友衆以爲宜爲此文也故不得辭

牡丹記敘一首

熙寧五年三月二十三日余從太守沈公觀花於吉祥寺僧守璘之圃圃中花千本其品以百數酒酣樂作州人大集金槃綵籃以獻于坐者五十有三人飲酒樂甚素不飲者皆醉自輿臺皁隸皆插花以從觀者數萬人明日公出所集牡丹記十卷以示客凡牡丹之見於傳記與栽植接養剥治之方古今詠歌詩賦下至怪奇小説皆在余既觀花之極盛與州人共遊之樂又得觀此書之精究博備以爲三者皆可紀而公又求余文以冠于篇蓋此花見重於世三百餘年窮妖極麗以擅天下

之觀美而近歲尤復變態百出務爲新奇以追逐時好者不可勝紀此草木之智巧便佞者也今公自耆老重德而余又方惷迂闊舉世莫與爲比則其於此書無乃皆非其人乎然鹿門子常怪宋廣平之爲人意其鐵心石腸而爲梅花賦則清便艷發得南朝徐庾體今以余觀之凡託於椎陋以眩世者又豈足信哉余雖非其人强爲公紀之公家書三萬卷博覽强記遇事成書非獨牡丹也

送杭州進士詩敘一首

右登彼公堂四章章四句太守陳公之詞也蘇子曰士之

求仕也志於得也仕而不志於得者僞也苟志於得而不以其道視時上下而變其學曰吾期得而已矣則凡可以得者無不爲也而可乎昔者齊景公田招虞人以旌不至孔子善之曰招虞人以皮冠夫旌與皮冠於義未有損益也然且不可而况使之弃其所學而學非其道歟熙寧五年錢塘之士貢於禮部者九人十月乙酉燕于中和堂公作是詩以勉之曰流而不返者水也不以時遷者松柏也言水而及松柏於其動者欲其難進也萬世不移者山也時飛時止者鴻鴈也言山而及鴻鴈於其静者欲其及時也公之於士也可謂周矣詩曰

無言不醻無德不報二三子何以報公乎

邵茂誠詩集敘一首

貴賤壽夭天也賢者必貴仁者必壽人之所欲也人之所欲適與天相值實難譬如匠慶之山而得成虡豈可常也哉因其適相值而責之以常然此人之所以多怨而不通也至於文人其窮也固宜勞心以耗神盛氣以忤物未老而衰病無惡而得罪鮮不以文者天人之相值既難而人又自賊如此雖欲不用得乎茂誠諱迎姓邵氏與余同年登進士第十有五年而見之於吳興孫莘老之座上出其詩數百篇余讀之彌月不厭其文清和妙麗如

晉宋間人而詩尤可愛咀嚼有味雜以江左唐人之風其為人篤學強記恭儉孝友而貫穿法律敏於吏事其狀若不勝衣語言氣息僅屬余固哀其任衆難以瘁其身且疑其將病也踰年而茂誠卒又明年余過高郵則其喪在焉入哭之敗幃瓦燈塵埃蕭然為之出涕太息夫原憲之貧顏回之短命楊雄之無子馮衍之不遇皇甫士安之篤疾彼遇其一而人哀之至今而茂誠兼之豈非命也哉余是以録其文哀而不怨亦茂誠之意也

錢塘勤上人詩集敘一首

昔翟公罷廷尉賓客無一人至者其後復用賓客欲往

翟公大書其門曰一死一生乃知交情一貧一富乃知交態一貴一賤交情乃見世以為口實然余嘗薄其為人以為客則陋矣而公之所以待客者獨不為小哉故太子少師歐陽公好士為天下第一士有一言中於道不遠千里而求之甚於士之求公以故盡致天下豪俊自庸衆人以顯於世者固多矣然士之負公者亦時有蓋嘗慨然太息以人之難知為好士者之戒意公之於士自是少倦而其退老於潁水之上余往見之則猶論士之賢者唯恐其不聞於世也至於負已者則曰是罪在我非其過翟公之客負之於死生貴賤之間而公之士叛公於

瞬息俄頃之際翟公罷客而公罷己與士益厚賢於古人遠矣公不喜佛老其徒有治詩書學仁義之說者必引而進之佛者惠勤從公遊三十餘年公常稱之為聰明才智有學問者尤長於詩公薨於汝陰余哭之於其室其後見之語及於公未嘗不涕泣也勤固無求於世而公又非有德於勤者其所以涕泣不忘豈為利也哉余然後益知勤之賢使其得列於士大夫之間而從事於功名其不負公也審矣熙寧七年余自錢塘將赴高密勤出其詩若干篇求余文以傳於世余以為詩非待文而傳者也若其為人之大略則非斯文莫之傳也

晁君成詩集引

達賢者有後張湯是也張湯宜無後者也無其實而竊其名者無後楊雄是也揚雄宜有後者也達賢者有後吾是以知蔽賢者之無後也無其實而竊其名者無後吾是以知有其實而辭其名者之有後也賢者民之所以生也而蔽之是絶民也名者古今之達尊也重於富貴而竊之是欺天也絶民欺天其無後不亦宜乎故曰達賢者與有其實而辭其名者皆有後吾常誦之云爾乃者官於杭杭之新城令晁君君成諱端友者君子人也吾與之游三年知其為君子而不知其能文與詩而君

亦未嘗有一語及此者其後君既歿於京師其子補之出君之詩三百六十篇讀之而驚曰嗟夫詩之指雖微然其美惡高下猶有可以言傳而指見者至於人之賢不肖其深遠茫昧難知蓋甚於詩今吾尚不能知君之能詩則其所謂知君之為君子者果能盡知之乎君以進士得官所至民安樂之惟恐其去然未嘗以一言求於人凡從仕二十有三年而後改官以歿由此觀之非獨吾不知舉世莫之知也君之詩清厚靜深如其為人而每篇輒出新意奇語宜為人所共愛其勢非君深自覆匿人必知之而其子補之於文無所不能愽辯俊偉絕

人遠甚將必顯於世吾是以益知有其實而辭其名者之必有後也昔李郃爲漢中候吏和帝遣二使者微服入蜀館於郃郃以星知之後三年使者爲漢中守而郃猶爲候吏人莫知之者其博學隱德之報在其子固詩曰豈弟君子神所勞矣

梟繹先生詩集敘一首

孔子曰吾猶及史之闕文也有馬者借人乘之今亡矣夫史之不闕文與馬之不借人也豈有損益於世也哉然且識之以爲世之君子長者日以遠矣後生不復見其流風遺俗是以日趨於智巧便佞而莫之止是二者雖

不足以損益而君子長者之澤在焉則孔子識之而況其足以損益於世者乎昔吾先君適京師與卿士大夫遊歸以語軾曰自今以往文章其日工而道將散矣士慕遠而忽近貴華而賤實吾已見其兆矣以魯人鳧繹先生之詩文十餘篇示軾曰小子識之後數十年天下無復為斯文者也先生之詩文皆有為而作精悍確苦言必中當世之過鑿鑿乎如五穀必可以療飢斷斷乎如藥石必可以伐病其遊談以為高枝詞以為觀美者先生無一言焉其後二十餘年先君既沒而其言存士之為文者莫不超然出於形器之表微言高論既已鄙

陋漢唐而其反復論難正言不諱如先生之文者世莫之貴矣軾是以悲於孔子之言而懷先君之遺訓益求先生之文而得之於其子復乃録而藏之先生諱太初字醇之姓顔氏先師兖公之四十七世孫云

徐州鹿鳴燕賦詩敘一首

余聞之德行興賢太高而不可考射御選士已畢而不足行永惟三代以來莫如吾宋之盛始於鄉舉率用韋平之一經終於廷策庶幾晁董之三道眷此房心之野實惟孝秀之淵元豐元年三郡之士皆舉於徐九月辛丑晦會于黄樓脩舊事也庭實旅百貢先前列之龜工

歌拜三義取食野之鹿是日也天高氣清水落石出仰觀四山之晻曖俯聽二洪之怒號眷焉顧之有足樂者於是講廢禮放鄭聲部刺史勸駕鄉先生在位群賢畢集逸民來會以謂古者於旅也語而君子會友以文爰賦筆札以侑樽俎載色載笑有同於泮水一觴一詠無愧於山陰直禮義之遺風而太平之盛節也大夫庶士不鄙謂余屬為斯文以舉是禮余於嘉祐之末以進士入官偶儷之文疇昔所上楊雄雖悔於少作鍾儀敢廢於南音貽諸故人必不我誚也

王定國詩集敘一首

太史公論詩以為國風好色而不淫小雅怨誹而不亂以余觀之是特識變風變雅耳烏覩詩之正乎昔先王之澤衰然後變風發乎情雖衰而未竭是以猶止於禮義以為賢於無所止者而已若夫發於情止於忠孝者其詩豈可同日而語哉古今詩人衆矣而杜子美為首豈非以其流落飢寒終身不用而一飯未嘗忘君也歟今定國以余故得罪貶海上三年一子死貶所一子死于家定國亦病幾死余意其怨我甚不敢以書相聞而定國歸至江西以其嶺外所作詩數百首寄余皆清平豐融藹然有治世之音其言與志得道行者無異幽憂憤

歎之作蓋亦有之矣特恐死嶺外而天子之恩不及報以忝其父祖耳孔子曰不怨天不尤人定國且不我怨而肯怨天乎余然後廢卷而歎自恨其人之淺也又念昔者定國過余於彭城留十日往返作詩幾百餘篇余苦其多畏其敏而服其工也一日定國與顏復長道游泗水登桓山吹笛飲酒乘月而歸余亦置酒黃樓上以待之曰李太白死世無此樂三百年矣今余老不復作詩又以病止酒閉門不出門外數步即大江經月不至江上眊眊焉真一老農夫也而定國詩益工飲酒不衰所至窮山水之勝不以厄窮衰老改其度今而後余之所

畏服於定國者不獨其詩也

聖散子敘一首

昔嘗覽千金方三建散云風冷痰飲癥癖瘖瘧無所不治而孫思邈特為著論以謂此方用藥節度不近人情至於救急其驗特異乃知神物效靈不拘常制至理開惑智不能知今傑所蓄聖散子殆此類耶自古論病惟傷寒最為危急其表裏虛實日數證候應汗應下之類差之毫釐輒至不救而用聖散子者一切不問凡陰陽二毒男女相易狀至危急者連飲數劑即汗出氣通飲食稍進神宇完復更不用諸藥連服取差其餘輕者

心額微汗正爾無恙藥性微熱而陽毒發狂之類服之即覺清涼此殆不可以常理詰也若時疫流行平旦於大釜中煮之不問老少良賤各服一大盞即時氣不入其門平居無疾能空腹一服則飲食倍常百疾不生真濟世之具衛家之寶也其方不知所從出得之於眉山人巢君穀穀多學好方祕惜此方不傳其子余苦求得之謫居黄州比年時疫合此藥散之所活不可勝數巢初授余約不傳人指江水爲盟余竊隘之乃以傳蘄水人龐君安時安時以善醫聞於世又善著書欲以傳後故以授之亦使巢君之名與此方同不朽也

田表聖奏議敘一首

故諫議大夫贈司徒田公表聖奏議十篇嗚呼田公古之遺直也其盡言不諱蓋自敵以下受之有不能堪者而況於人主乎吾是以知二宗之聖也自太平興國以來至于咸平可謂天下大治千載一時矣而田公之言常若有不測之憂近在朝夕者何哉古之君子必憂治世而危明主明主有絕人之資而治世無可畏之防夫有絕人之資必輕其臣無可畏之防必易其民此君子之所甚懼也方漢文時刑措不用兵革不試而賈誼之言曰天下有可長大息者有可流涕者有可痛哭者後世不

以是少漢文亦不以是甚賈誼由此觀之君子之遇治世而事明主法當如是也誼雖不遇而其所言略已施行不幸早世功烈不著於時然誼嘗建言使諸侯王子孫各以次受分地文帝未及用歷孝景至武帝而主父偃舉行之漢室以安今公之言十未用五六也安知來世不有若偃者舉而行之歟願廣其書於世必有與公合者此亦忠臣孝子之志也

樂全先生文集敘一首

孔北海志大而論高功烈不見于世然英偉豪傑之氣自為一時所宗其論盛孝章郗鴻豫書慨然有烈丈

夫之風諸葛孔明不以文章自名而開物成務之姿綜
練名實之意自見於言語至出師表簡而盡直而不肆
大哉言乎與伊訓說命相表裏非秦漢以來以事君為
悅者所能至也常恨二人之文不見其全今吾樂全先
生張公安道其庶幾乎嗚呼士不以天下之重自任久
矣言語非不工也政事文學非不敏且博也然至於臨
大事鮮不忘其故失其守者其器小也公為布衣則頎
然已有公輔之望自少出仕至老而歸未嘗以言徇物
以色假人雖對人主必同而後言毀譽不動得喪若一
真孔子所謂大臣以道事君者世遠道散雖志士仁人

或少貶以求用公獨以邁往之氣行正大之言曰用之則行舍之則藏上不求合於人主故雖貴而不用用而不盡下不求合於士大夫故悅公者寡不悅者衆然至言天下偉人則必以公爲首公盡性知命體乎自然而行乎不得已非斬以文字名世者也然自慶曆以來訖元豐四十餘年所與人主論天下事見于章疏者多矣或用或不用而皆本於禮義合於人情是非有考於前而成敗有驗於後及其他詩文皆清遠雄麗讀者可以想見其爲人信乎其有似於孔北海諸葛孔明也軾年二十以諸生見公成都公一見待以國士今三十餘年所以

開發成就之者至矣而軾終無所效尺寸於公者獨求其文集手校而家藏之且論其大略以待後世之君子昔曾魯公嘗爲軾言公在人主前論大事他人終日反覆不能盡者公必數言而決粲然成文皆可書而誦也言雖不盡用然慶曆以來名臣爲人主所敬莫如公者公今年八十一杜門却埽終日危坐將與造物者游於無何有之鄉言且不可得聞而況其文乎凡爲文若干卷若干首

范文正公文集敘一首

慶曆三年軾始揔角入鄉校士有自京師來者以魯人

石守道所作慶曆聖德詩示鄉先生軾從旁竊觀則能誦習其詞問先生以所頌十一人者何人也先生曰童子何用知之軾曰此天人也耶則不敢知若亦人耳何為其不可先生奇軾言盡以告之且曰韓范富歐陽此四人者人傑也時雖未盡了則已私識之矣嘉祐二年始舉進士至京師則范公歿既葬而墓碑出讀之至流涕曰吾得其為人蓋十有五年而不一見其面豈非命也歟是歲登第始見知于歐陽公因公以識韓富皆以國士待軾曰恨子不識范文正公其後三年過許始識公之仲子今丞相堯夫又六年始見其叔彝叟京師又十一年遂與其

季德孺同僚于徐皆一見如舊且以公遺藁見屬為敘
又十三年乃克為之嗚呼公之功德蓋不待文而顯其
文亦不待敘而傳然不敢詞者自以八歲知敬愛公今四
十七年矣彼三傑者皆得從之遊而公獨不識以為平生
之恨若獲挂名其文字中以自托於門下士之末豈非疇
昔之願也哉古之君子如伊尹太公管仲樂毅之流其
王霸之略皆定於畎畝中非仕而後學者也淮陰侯見
高帝於漢中論劉項短長畫取三秦如指諸掌及佐帝
定天下漢中之言無一不酬者諸葛孔明卧草廬中與
先主策曹操孫權規取劉璋因蜀之資以爭天下終

身不易其言此豈口傳耳受嘗試為之而僥倖其或成
者哉公在天聖中居太夫人憂則已有憂天下致太平
之意故為萬言書以遺宰相天下傳誦至用為將擢為
執政考其平生所為無出此書者今其集二十卷為詩
賦二百六十八為文一百六十五其於仁義禮樂忠信孝
弟蓋如飢渴之於飲食欲須臾忘而不可得如火之熱
如水之濕蓋其天性有不得不然者雖弄翰戲語率然
而作必歸於此故天下信其誠爭師尊之孔子曰有德
者必有言非有言也德之發於口者也又曰我戰則克
祭則受福非能戰也德之見於怒者也元祐四年四月

二十一日

居士集敘一首

夫言有大而非夸達者信之衆人疑焉孔子曰天之將喪斯文也後死者不得與於斯文也孟子曰禹抑洪水孔子作春秋而予距楊墨蓋以是配禹也文章之得喪何與於天而禹之功與天地並孔子孟子以空言配之不已夸乎自春秋作而亂臣賊子懼孟子之言行而楊墨之道廢天下以為是固然而不知其功孟子既沒有申商韓非之學違道而趣利殘民以厚主其說至陋也而士以是罔其上上之人僥倖一切之功靡然從之而世無

大人先生如孔子孟子者推其本末權其禍福之輕重
以救其惑故其學遂行秦以是喪天下陵夷至於勝廣
劉項之禍死者十八九天下蕭然洪水之患蓋不至此也
方秦之未得志也使復有一孟子則申韓為空言作於
其心害於其事作於其事害於其政者必不至若是烈
也使楊墨得志於天下其禍豈減於申韓哉由此言之
雖以孟子配禹可也太史公曰蓋公言黄老賈誼晁錯
明申韓錯不足道也而誼亦為之余以是知邪說之移
人雖豪傑之士有不免者況衆人乎自漢以來道術不
出於孔氏而亂天下者多矣晉以老莊亡梁以佛亡莫

或正之五百餘年而後得韓愈學者以愈配孟子蓋庶幾焉愈之後三百有餘年而後得歐陽子其學推韓愈孟子以達於孔氏著禮樂仁義之實以合於大道其言簡而明信而通引物連類折之於至理以服人心故天下翕然師尊之自歐陽子之存世之不說者譁而攻之能折困其身而不能屈其言士無賢不肖不謀而同曰歐陽子今之韓愈也宋興七十餘年民不知兵富而教之至天聖景祐極矣而斯文終有愧於古士亦因陋守舊論卑而氣弱自歐陽子出天下爭自濯磨以通經學古為髙以救時行道為賢以犯顏納說為忠長育成

就至嘉祐末號稱多士歐陽子之功為多嗚呼此豈人力也哉非天其孰能使之歐陽子沒十有餘年士始為新學以佛老之似亂周孔之真識者憂之賴天子明聖詔修取士法風厲學者專治孔氏黜異端然後風俗一變考論師友淵源所自復知誦習歐陽子之書予得其詩文七百六十六篇於其子棐乃次而論之曰歐陽子論大道似韓愈論事似陸贄記事似司馬遷詩賦似李白此非余言也天下之言也歐陽子諱脩字永叔既老自謂六一居士云

字說三首

文與可字說一首

鄉人皆好之何如曰未可也鄉人皆惡之何如曰未可也不如鄉人之善者好之其不善者惡之善者好之不善者惡之足以為君子乎曰未也孔子為問者言也以為賢於所問者而已君子之居鄉也善者以勸不善者以耻夫何惡之有君子不惡人亦不惡於人子夏之於人也可者與之其不可者拒之子張曰君子尊賢而容衆嘉善而矜不能我之大賢歟於人何所不容我之不賢歟人將拒我如之何其拒人也子張之意豈不曰與其可者而不可者自遠乎使不可者而果遠也則

其為拒也甚矣而子張何惡於拒也曰惡其有意於拒也夫茍有意於拒則天下相率而去之吾誰與居然則孔子之於孺悲也非拒歟曰孔子以不屑教誨者也非拒也夫茍無意於拒則可者與之雖孔子子張皆然吾友文君名同字與可或曰為子夏者歟曰非也取其與不取其拒為子張者也與可之為人也守道而忘勢行義而忘利脩德而忘名與為不義雖禄之千乘不顧也雖然未嘗有惡於人人亦莫之惡也故曰與可為子張者也

楊薦字説一首

楊君以其所名薦請字於余余字之尊已而告之曰古之君子佩玉而服韍戴冕而垂旒一獻之禮賓主百拜俯僂而後食夫所為飲食者為飽也所為衣服者為暖也若直曰飽暖而已則夫古之君子其無乃為紛紛而無益迂闊而過當邪蓋君子小人之分生於足與不足之間若是足以已矣而必為之節文故其所以養其身者甚周而其所以自居者甚高而可畏凜乎其若處女之在閨也兢兢乎其若懷千金之璧而行也夫是以不仁者不敢至於其墻不義者不敢過其門惟其所為者止於足以已矣之間則人亦狎之而輕加之以不義由此觀

之凡世之所謂紛紛而無益迂闊而過當者皆君子之所以自尊也易曰藉用白茅無咎孔子曰苟錯諸地而可矣藉之用茅何咎之有地非不足錯也而必茅之為藉是君子之過以自尊也予欲楊君之過以自尊故因其名驀而取諸易以為之字楊君有俊才聰明果敢有過於人而余獨憂其所以自愛重者不至而已矣

張厚之忠甫字說一首

張厚之忠甫樂全先生子也美才而好學信道而篤志先生名之曰恕而其客蘇軾子瞻和仲推先生之意字之曰厚之又曰忠甫且告之曰事有近而用遠言有

約而義博者渴必飲飢必食食必五穀飲必水此夫婦之愚所共知而聖人之智所不能易也一言而可以終身行之者恕也仁者得之而後仁知者得之而後智施於君臣父子夫婦朋友之間無所適而不可是飢渴飲食之道也故曾子曰夫子之道忠恕而已矣而孔子亦曰如有周公之才之美使驕且吝其餘不足觀也已夫驕且吝豈非不恕而已乎人而能恕也雖孔子可庶幾人而不能恕雖周公不足觀也先生之所以遺子者至矣吾不能加毫末於此矣然而曾子謂之忠恕詩人謂之忠厚以吾觀之忠與恕與厚是三言者聖人之所謂

一道也或謂之穀或謂之米或謂之飯此豈二物也哉然謂穀米謂米飯則不可故吾願子貫三言而并佩之將有為也將有言也必反而求之曰吾未恕乎未厚乎未忠乎自反而恕矣厚矣忠矣然後從之此孔子曾子詩人之意也先生之意也

東坡集卷第二十四